0 1 2 3

44. Immer mal wieder habe ich mir vorgenommen, Sport zu treiben, aber ich kann mich einfach nicht dazu aufraffen. ⎕⎕⎕⎕

45. Ich schlafe oft vor dem Fernseher ein. ⎕⎕⎕⎕

4. Wie viel Macht geben Sie anderen?

46. Ich tue mich schwer damit, etwas zu reklamieren. ⎕⎕⎕⎕

47. Es beschäftigt mich, was andere über mich denken könnten. ⎕⎕⎕⎕

48. Wenn mich jemand kritisiert, heißt das, er mag mich nicht. ⎕⎕⎕⎕

49. Ich fühle mich oft überfordert und hilflos. ⎕⎕⎕⎕

50. Wenn andere einen Scherz auf meine Kosten machen, ist mir das unangenehm und ich bin dann befangen. ⎕⎕⎕⎕

51. Ich kann anderen schlecht eine Bitte abschlagen. ⎕⎕⎕⎕

52. Ich glaube, ich lasse mir oft (zu) viel von anderen gefallen. ⎕⎕⎕⎕

53. Es macht mir viel aus, wenn ich von anderen falsch eingeschätzt werde. ⎕⎕⎕⎕

54. Ich fühle mich häufig durch das Verhalten anderer zurückgewiesen und bin dann enttäuscht. ⎕⎕⎕⎕

55. Eventuellen Konflikten gehe ich möglichst aus dem Weg. ⎕⎕⎕⎕

56. Es ist mir sehr wichtig, es anderen recht zu machen, da stelle ich eigene Interessen zurück. ⎕⎕⎕⎕

57. Wenn es anderen schlecht geht, geht es mir auch schlecht. ⎕⎕⎕⎕

58. Familienmitglieder, Freunde und Kollegen können meine Gefühle leicht verletzen. ⎕⎕⎕⎕

59. Die schlechte Laune anderer verdirbt mir oft die gute Laune. ⎕⎕⎕⎕

60. Ich fühle mich oft von anderen angegriffen. ⎕⎕⎕⎕

0 1 2 3

26. Ich ärgere mich oft über mich selbst.

27. Ich fühle mich häufig unter Druck.

28. Ich nehme an mir mehr Schwächen als positive Seiten wahr.

29. Wenn etwas meine Pläne durchkreuzt, bin ich so verärgert, dass es mich noch lange Zeit hinterher beschäftigt.

30. Mir eine Blöße zu geben finde ich fürchterlich.

3. Wie steht es um Ihren Lebensstil?

31. Ich komme morgens nur mit Mühe aus dem Bett und brauche lange, bevor ich richtig in Gang komme.

32. Ich fühle mich oft schon am Vormittag müde und ausgelaugt.

33. Es fällt mir schwer, wirklich ganz abzuschalten, ohne dass ich zu Zigaretten, Alkohol oder anderen chemischen Hilfsmitteln greife.

34. Süßigkeiten sind für mich die besten Seelentröster.

35. Ich lege den Weg zur Arbeit und auch zu Freizeitvergnügungen zumeist mit dem Auto zurück.

36. Eigentlich bin ich nur im Urlaub mal länger an der frischen Luft.

37. Burger, Pizza, Pommes und andere Fastfood-Angebote sind häufig Bestandteil meiner täglichen Ernährung.

38. Meine Schultern sind eigentlich immer leicht vorgebeugt.

39. Ich bekomme nur selten so viel Schlaf, wie ich eigentlich brauche.

40. Feierabend heißt für mich ganz automatisch: Fernseher an.

41. Ich habe jeden Tag so viel zu tun, dass keine Zeit für Pausen bleibt.

42. Am Arbeitsplatz sitze ich und ich bewege mich auch sonst wenig.

43. Oft lümmle ich auf einem Stuhl herum, statt aufrecht zu sitzen.

SIGRID ENGELBRECHT

WER ZUERST LACHT, LACHT AM BESTEN

INHALT

SIGRID ENGELBRECHT

Bestsellerautorin, Diplom-Designerin,
Mental- und Wellnesstrainerin und
Anti-Stress-Coach. Seit über 25 Jahren
freiberuflich tätig, leitet Workshops und
Seminare in den Bereichen Kreativität,
Selbstmanagement und Gesundheit. 2015
erwarb sie den »Master of Arts« im
Kreativen und Biografischen Schreiben
und lässt die Erkenntnisse aus diesem Studiengang in ihre Arbeit
einfließen. Unter dem Titel »Lass los ...« hat sie bei Gräfe und Unzer
bereits mehrere erfolgreiche Bücher geschrieben.

»Lachen Sie zuerst.
Das Leben stimmt mit ein.«

EIN WORT ZUVOR

Verändern Sie sich. Jetzt.

Miese Laune kennen wir alle. Zugleich ist jeder von uns ein Unikat – mit individuellen Stärken und Schwächen, Gedanken, Gefühlen und Stimmungen. In dieser Vielfalt ist es oft gar nicht so einfach zu erkennen, was wirklich typisch für uns selbst ist und wo wir in unserem Verhalten Spielraum haben. Die gute Nachricht: Es gibt jede Menge Spielraum!

Dieses Buch versetzt Sie in die Lage, Ihre Stimmung positiv zu beeinflussen: kurzfristig im Akutfall einer Missstimmung und langfristig, damit die gute Laune bei Ihnen ein Zuhause findet. Der Stimmungskiller-Test ganz vorn zeigt Ihnen, wo Ihre persönlichen »Einfallstore« für miese Laune liegen. Und Sie erfahren im Text, was alles Einfluss auf Ihre Stimmung nehmen kann und wie Sie die Dinge künftig aktiv zum Besseren hin beeinflussen.

Dafür enthält dieses Buch viele praktische Tipps und Übungen, die Sie inspirieren, Ihnen zu neuen Erfahrungen verhelfen und Ansatzpunkte für konkrete Denk- und Verhaltensveränderungen geben. Schon beim Lesen werden Sie Ihren Alltag mit ganz anderen Augen betrachten. Unbedingt aber sollten Sie mit all den Angeboten experimentieren und Erfahrungen sammeln. Was Sie praktisch erproben, vertieft Ihr Verständnis und stärkt Ihre Selbstsicherheit. Für die Übungen, die Ihr Reflektieren notwendig machen, könnten Sie sich ein persönliches Logbuch anlegen, in dem Sie Ihre Gedanken und Ideen notieren – ein attraktiv gestaltetes Tagebuch, das sofort gute Laune aufkommen lässt, wenn Sie es zur Hand nehmen.

Mit den besten Wünschen,

Ihre

Sigrid Engelbrecht

WAS MACHT LAUNE?

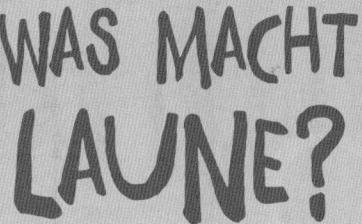

Wovon hängen unsere Stimmungen ab?
Wenn wir vermehrt gute Laune erleben möchten,
sollten wir wissen, wer ihre Gegner und
wer ihre Freunde sind.

PROFI IN SACHEN GEFÜHLSMANAGEMENT

Gute Laune – also die Befindlichkeit, mit der wir die Welt und die unmittelbare Umgebung aus einem positiv gefärbten Blickwinkel heraus betrachten – wird schon seit mehr als drei Jahrzehnten wissenschaftlich erforscht. Vor allem die Kognitionswissenschaftler interessieren sich für die Wechselwirkung zwischen Körper und Psyche.

Die bisherigen Ergebnisse lassen sich in etwa so beschreiben: Gute Stimmung macht wacher, kreativer und aktiver. Wenn wir guter Stimmung sind, können wir mit durchkreuzten Plänen, unangenehmen Überraschungen und allerlei Rückschlägen besser umgehen. Dann sind wir auch stressresistenter, wir können persönliche Niederlagen eher verkraften und sind offener dafür, daraus zu lernen.

Wohlbefinden und gute Laune, ebenso Gefühle von Freude und Liebe beeinflussen selbst unseren Körper positiv. Sie tun dem Herzen gut, harmonisieren den Herzrhythmus und stärken das Immunsystem. Beste Motivation für ein Gute-Laune-Training, oder nicht? Spaß macht es sowieso.

GUTE LAUNE DÄMPFT SOGAR SCHMERZ

Der Züricher Humorforscher Professor Willibald Ruch ließ die Teilnehmer einer Studie eine Viertelstunde lang Sketche anschauen. Gleichzeitig mussten sie ihre Hände in Eiswasser tauchen. Die Teilnehmer einer zweiten Gruppe mussten auch die Hände dort eintauchen, hatten aber nicht die Möglichkeit, sich dabei etwas Lustiges anzuschauen. Beide Gruppen wurden nun gebeten, ihr Schmerzempfinden einzuschätzen. Dabei stellte sich heraus, dass die Teilnehmer der ersten Gruppe die Prozedur als deutlich weniger schmerzhaft bewerteten als die der zweiten Gruppe. Das Vergnügen linderte den Schmerz.

EIN COACH FÜR DIE FREUDE?

Gute-Laune-Coaching, das Vorhaben dieses Buches. Heißt das, dass Sie fortan mit einem Dauergrinsen durch die Welt gehen sollen? Ganz und gar nicht. Wer regelmäßig Gefühle (nur) vortäuscht, kann langfristig dadurch sogar am Burn-out-Syndrom erkranken.

Auch wäre es verfehlt zu glauben, ein Gute-Laune-Coaching würde dazu führen, schlagartig nur noch guter Dinge zu sein. Gefühle geben dem Leben seine Würze – und zwar in ihrer gesamten Spannbreite: Freude, Glück und Zuversicht ebenso wie auch Zorn, Trauer, Angst oder Schmerz. Unangenehme Gefühle dauerhaft zu ignorieren oder wegzudrängen, das macht uns nicht glücklicher, ganz im Gegenteil. Gerade der Wechsel unterschiedlicher Befindlichkeiten macht das Leben spannend und abwechslungsreich.

Stimmungen meistern

Wer mal so richtig down war, weiß Glück und Freude nachher umso höher zu schätzen. So geht es beim Gute-Laune-Coaching darum, gekonnt mit den eigenen Gemütslagen umzugehen, so-dass wir beispielsweise in einem Stimmungstief nicht tage- oder sogar wochenlang festhängen, sondern in der Lage sind, der Verstimmung auf die Spur zu kommen und gezielt Veränderungen herbeizuführen.

Schlechte Laune, so haben Wissenschaftler herausgefunden, hat nämlich einen umso deutlicheren negativen Einfluss auf Gesundheit und Wohlbefinden, je länger sie anhält. Der Wechsel der Stimmungen hingegen ist es, der uns lebendig und fit erhält.

WAS BEEINFLUSST, WIE WIR UNS FÜHLEN?

Gut gelaunt sein heißt, sich mit sich selbst wohlzufühlen und unvorhergesehenen Ereignissen gelassen und gefasst zu begegnen. Unsere jeweils vorherrschende Stimmungslage wird von drei Faktoren bestimmt, die einander wechselseitig beeinflussen:

- **von der körperlichen Verfassung:** Dazu gehören natürlich Gesundheitszustand, Körperhaltung, Muskeltonus, außerdem die Art und Weise, wie wir atmen, die gesamte Körpersprache.

- **vom Umgang mit unseren Energiespendern:** Ernährung, Bewegung, Entspannung, Schlaf, Erholung ganz allgemein.
- **von unseren Bewertungsmustern:** Die Art, wie wir Situationen und Ereignisse interpretieren, welche Gedanken, Bilder und Vorstellungen sie in uns auslösen.

Stimmungen stellen wie Gefühle stets eine Reaktion auf einen Reiz dar. Dies können Reize aus der Umgebung sein, wie etwa ein halblautes Gespräch im Hintergrund, während Sie mit etwas beschäftigt sind, das Ihnen Konzentration abverlangt; durch das Fenster hereinwehender Essensgeruch; ein Radio, das vor sich hindudelt und alle naselang Werbung für dies, das und jenes sendet. Ebenso können es auch Reize sein, die aus Ihrem Inneren aufsteigen: Ideen, Impulse, Vorstellungen, Erinnerungen. Und auch der Körper ist beteiligt und sendet Reize in Form von Hunger, Durst, Müdigkeit, Wohlbefinden, Unbehagen oder auch Schmerzen. Stimmungen und Launen haben stets mindestens einen, meist mehrere Auslöser. Eines aber ist sicher: Die Stimmungen, mit denen Sie es – beispielsweise gerade jetzt – zu tun haben, beeinflussen Ihr Urteilsvermögen, die Entscheidungen, die Sie daraufhin treffen, und Ihr ganz konkretes Handeln.

Jede Menge Mitspieler

Es ist beeindruckend, was alles für gute, schlechte oder durchwachsene Stimmung sorgen kann. Sich der eigenen Befindlichkeit in der Reaktion auf Reize gewahr zu werden, hilft dabei, sich besser zu verstehen und Ansatzpunkte für positive Veränderungen zu finden.

Nicht der Reiz ist entscheidend, sondern wie wir mit diesem Reiz umgehen. Alle Faktoren in der Zusammenstellung rechts durchlaufen das persönliche Bewertungssystem, und das ist höchst subjektiv. Die eine nimmt einen Misserfolg eher gelassen hin, dem anderen ist deswegen der ganze Tag vergällt. Der eine macht das Beste aus seiner derzeitigen Wohnsituation und erfreut sich dabei an seinen kreativen Gestaltungsideen, die andere sieht nur die Nachteile und erlebt sich selbst als Opfer der Umstände. So unterschiedlich sind Erleben und Interpretation.

ALL DAS MISCHT MIT

Unsere Laune hängt in ihrem Grundcharakter ebenso wie in ihren kurzfristigen Schwankungen von den vielfältigsten Eckdaten ab. Hier eine Übersicht darüber, was die Stimmung beeinflusst:

Die Umwelt: die Jahreszeit, das Wetter, Hitze oder Kälte, Wind, Trockenheit oder Feuchtigkeit, visuelle Reize, Geräusche, Gerüche.

Selbstwahrnehmung und -bewertung: Aussehen, Verhalten, Fähigkeiten, Stärken und Schwächen, Vitalität, Selbstvertrauen, Werte, Erwartungen, die wir an uns selbst haben.

Unsere Erwartungen an andere Menschen und an deren Verhalten, vor allem in Bezug auf unsere Person.

Die Qualität unserer Beziehungen: zur (Herkunfts-)Familie, zu Freunden, Bekannten, Kollegen, Nachbarn.

Ehe oder Partnerschaft: Nähe, Offenheit, Verständnis, gemeinsame Unternehmungen, Hilfsbereitschaft, Zärtlichkeit und Geborgenheit. Hier hinein gehört gegebenenfalls auch, ob wir gern oder unfreiwillig Single sind.

Das sexuelle Erleben: als wie befriedigend Sex erlebt wird, ob er den Stellenwert in unserem Leben hat, den wir uns wünschen.

Job und Arbeitsleben: Hier hinein gehören berufliche Position, Arbeitsumgebung, die Art der Aufgaben, das Betriebsklima, Erfolge und Misserfolge, Aufstiegsmöglichkeiten.

Finanzielle Verhältnisse: Höhe des Einkommens, Besitz, Wohnsituation.

Freizeitgestaltung: mit Freunden verbrachte Zeit, Hobbys, Wellness, Fitness, Erholung, Abenteuer.

Gesundheit und Lebensstil: Schlaf, Ernährungsweise, Alkohol- und Drogenkonsum, Gebrauch von Medikamenten, Umgang mit Stress, Belastungen und Erschöpfung.

Häufigkeit und Intensität von Sorgen: Ängste, persönliche Probleme, Konflikte und der Umgang damit.

Generelle Lebenszufriedenheit: die individuelle Einschätzung des bisherigen Lebens und die Einschätzung dessen, was die Zukunft bringen könnte.

Emotion oder Stimmung?

Sind Stimmungen dasselbe wie Emotionen? Beide haben viel miteinander zu tun, sind aber nicht identisch. Sie steuern gleichermaßen unser Verhalten, beeinflussen unsere Entwicklung und die Beziehung zu anderen Menschen.

Emotionen beziehen sich auf konkretes Geschehen, auf das wir – oft impulsiv – reagieren. Ein unerwartet aus einer Seitenstraße hervorschießendes Auto signalisiert Gefahr, ruft Angst oder Wut hervor und löst Fluchtimpulse aus. Wir können für unsere Sicherheit schnell reagieren, ohne vorher lange nachzudenken. Die Angst lässt uns das Weite suchen, die Wut den Kampf, aufgrund von Schamgefühlen halten wir soziale Regeln ein. Ohne Emotionen wäre unser physisches wie soziales Überleben infrage gestellt.

»Die Launen unseres Gemüts sind noch seltsamer als die des Schicksals.«

LA ROCHEFOUCAULD

Angst, Scham oder Wut machen uns aber, ebenso wie Neid oder Selbstzweifel den Alltag oft schwer. Alle Emotionen haben eine deutliche Signalwirkung, fordern uns unmittelbar zum Handeln auf.

Angreifer aus dem Hinterhalt

Stimmungen dagegen spiegeln einen existenziellen Zustand: Wir fühlen uns mies und wissen nicht genau, warum, vielleicht weil seit einiger Zeit alles schiefläuft, vielleicht weil wir Geldprobleme haben oder weil uns alles über den Kopf zu wachsen scheint. Emotionen liegen offen da, Stimmungen halten sich eher im Hintergrund und verleihen allem, was wir denken und tun, ihre spezielle Tönung. Wenn wir traurig gestimmt sind, scheint alles, was uns widerfährt, traurig zu sein. Wenn wir unterschwellig wütend sind, scheinen wir nur von Problemen und Streithanseln umgeben zu sein. Wenn wir glücklicher Stimmung sind, ist die Welt auf einmal richtig schön und wir sind bereit, über Dinge hinwegzusehen, über die wir uns sonst vielleicht aufregen oder ärgern würden.

WAS IST GERADE LOS?

Um zu erkennen, was sich gerade in Ihnen zeigt, sollten Sie wissen, wie sich Stimmungen und Launen, Gefühle und Emotionen unterscheiden. Hier folgen daher die Definitionen in der größtmöglichen Kürze:

Stimmungen bezeichnen länger andauernde Gefühlszustände. Sie können positiv oder negativ sein und dauern Stunden, häufig auch Tage oder Wochen an.

Laune bezeichnet die augenblickliche Gemütsstimmung, wie jemand sich ganz aktuell fühlt, und das kann sich schnell verändern.

Gefühle bezeichnen sowohl körperliche als auch psychische Empfindungen.

Emotionen (oder auch Affekte) sind komplexe Muster aus körperlichen Reaktionen, Gefühlen, kognitiven Prozessen und Verhaltensreaktionen.

Stimmungen sind unbeständig

Unter gewöhnlichen Umständen bleiben wir nicht während eines langen Zeitraums in ein- und derselben Stimmung. Viele Auslöser können sie – wie Sie in der Übersicht von Seite 11 gesehen haben – verändern.

Doch ebenso häufig scheint eine Stimmung ohne erkennbaren Anlass aus dem Nichts zu kommen und sich nach einiger Zeit wieder im Nichts aufzulösen. Stimmungen regulieren sich also oft auch von selbst, ohne dass wir gezielt steuernd eingreifen.

Was wir in diesem Selbstcoaching tun wollen, ist zu lernen, wie sich die Stimmungen aktiv und in die jeweils gewünschte Richtung beeinflussen lassen. Zwar ist es nicht möglich, eine Stimmung einfach auf Knopfdruck wegzubeamen und durch eine beliebige andere zu ersetzen. Doch es gibt viele Möglichkeiten, auf die eigene Stimmungslage einzuwirken, um sich besser, produktiver und nicht zuletzt auch für das Umfeld angenehmer zu fühlen. In den folgenden Kapiteln lernen Sie jede Menge Werkzeug dafür kennen.

DAS MACHT GUTE LAUNE SO VERLOCKEND

Natürlich haben Sie es längst gespürt:
Gute Laune macht einfach glücklich.
Aber warum ist das so?
Die Antwort weiß: unser Gehirn.

Wir fühlen uns
beschwingt –
alles geht uns leicht
von der Hand.

3

HO

NH₂

Serotonin

2

Unser Gehirn
schüttet
Botenstoffe
wie Serotonin und
Dopamin aus.

1

Ein Impuls
versetzt uns in
gute Laune.

DIE EFFEKTIVSTEN GUTE-LAUNE-KILLER

Gute Laune kann sich schnell in ihr Gegenteil verwandeln. Am Morgen noch sind wir fröhlich pfeifend zur S-Bahn gegangen und zwei Stunden später würden wir am liebsten alles, was auf dem Schreibtisch liegt, an die Wand knallen. Da muss ein Gute-Laune-Killer vorbeigekommen sein. Mindestens!

Zu den effektivsten gehören negative Einschätzungen über Sie selbst oder andere. Sie denken: »Ich bin zu doof dafür, das kann ich gleich knicken.« Oder: »Dieser Mistkerl! Was bildet der sich eigentlich ein?« Und schon machen Sie sich selbst jede Menge Stress. Auch Sorgen sind als Gute-Laune-Killer effektiv, Befürchtungen, die sich auf eine vermutete Gefahr in der Zukunft richten. Die Frage: »Was mache ich bloß, wenn ...«, wird mit einer Katastrophenerwartung verknüpft. Körper und Geist werden völlig unnötig in Alarmbereitschaft versetzt.

Ähnlich verhält es sich mit Zweifeln, besonders tückisch sind Selbstzweifel: »Bin ich attraktiv genug?«, »Reicht das, was ich weiß und kann, tatsächlich für diese neue Herausforderung?«, »Mögen mich meine Kollegen wirklich oder machen sie mir etwas vor?« Niemand ist perfekt und so gibt es immer Schwachstellen, an denen Sorgen und Zweifel mühelos einhaken können. Allerdings nur, wenn wir sie lassen!

Ärger ist ein weiterer Miesmacher, dem Sie mit den Strategien in diesem Buch das Handwerk legen können.

STIMMUNG HOCH HINAUF!

Wer gut drauf und mit sich selbst im Reinen ist, hat viele Vorteile im Alltag. Beruflich und privat: Die Arbeit geht leichter von der Hand, das Verhältnis zu den Kollegen ist entspannt, wir erhalten wohltuende Aufmerksamkeit und auch die privaten Beziehungen profitieren. Immer wenn wir gute Laune haben und damit auf positive Resonanz stoßen, werden im Gehirn vermehrt Endorphine, Dopamin und weitere körpereigene Opiate freigesetzt, Stoffe, die für gute Laune verantwortlich sind.

TRAINIEREN SIE IHRE FREUDE

Weshalb spüren wir dann nicht öfter Freude und Begeisterung? Angst und Wut lassen sich im Gehirn leider viel schneller aktivieren als Freude und Begeisterung. Schon seit Urzeiten wirken sie als Wächter und dienen dazu, uns vor Angriffen oder anderen Gefahren zu schützen, indem sie eine der automatischen Reaktionen Flucht, Angreifen oder Sich-tot-Stellen aktivieren. Eine gute Stimmung hingegen ist zwar prima für die Motivation, aber aus dem Blickwinkel der Evolution lediglich eine angenehme Zugabe. Auch ohne gute Laune sind wir lebens- und handlungsfähig – nicht aber ohne unser automatisches Gefahrenerkennungsradar. Die Folge: Misstrauen und Ärger, Wut und Angst werden rascher aktiviert und machen sich auch leichter bemerkbar als Freude, Optimismus und Zuversicht. Und werden sie häufig aktiviert, verfestigen sie sich zur Gewohnheit. Diesem Teufelskreis lässt sich jedoch entkommen: mit den Strategien dieses Buches.

DIE TESTAUSWERTUNG

Wo aber sollten Sie persönlich ansetzen? Um das herauszufinden, können Sie den Test vorn im Buch nutzen. Vergleichen Sie dann Ihre jeweiligen Gesamtpunktzahlen in den vier Bereichen. Möglicherweise liegt ein Themenfeld in der Wertung ganz vorn. Genauso gut kann es aber sein, dass Sie in zwei, drei oder sogar allen vier Bereichen ähnliche Summen erreicht haben. Je höher die Punktzahl, desto »anfälliger« sind Sie für den jeweiligen Stimmungskiller.

LEICHTE FLAUTE ODER STABILES TIEF?

Zustände von Verstimmung lassen sich im Allgemeinen sehr gut beeinflussen und zum Besseren wenden. Und doch hat das Gute-Laune-Coaching auch Grenzen. Wer vorwiegend niederdrückende, aggressive oder furchtsame Gedanken im Kopf hat, verhindert damit, dass sich Wohlbefinden einstellen kann. Das Gehirn wird dann daran gehindert, Wohlfühl-Botenstoffe auszusenden. Was bei »normalen« Verstimmungen mühelos funktioniert, bleibt bei tiefer greifenden psychischen Problemen wirkungslos.

Bei dauerhaften Beeinträchtigungen des seelischen Wohlbefindens – etwa in Form von tief sitzenden Ängsten oder Depressionen – sollten Sie professionelle Hilfe in Anspruch nehmen.

1. Wie klar stehen Sie zu sich selbst?

Beträgt Ihre Gesamtpunktzahl hier mehr als 30, dann sind Sie wahrscheinlich daran gewöhnt, von Selbstzweifeln geplagt zu werden, sich schnell verletzt zu fühlen, viel an Vergangenes zurückzudenken und sich zudem Sorgen um die Zukunft zu machen. Da schleicht sich die gute Laune dann natürlich rasch davon. Um die Stimmung positiv zu beeinflussen, früher Erlebtes loszulassen und die Zuversicht insgesamt zu stärken, sind die folgenden Kapitel für Sie besonders interessant:

- »Gut gelaunte Menschen suchen« (ab Seite 68)
- »Achtsam das Angenehme würdigen« (ab Seite 86)
- »Selbstgespräche? Ja, aber freundlich!« (ab Seite 102)

2. Welchen Maßstab legen Sie an?

Liegt Ihre Gesamtpunktzahl in diesem Segment über 30, sind Sie daran gewöhnt, strenge Maßstäbe an sich selbst und auch an andere anzulegen. Wenn die Dinge so funktionieren, wie sie sollen, ist alles okay. Ganz anders jedoch, wenn plötzlich Probleme ins Spiel kommen, wenn Sie Ihren eigenen Erwartungen nicht gerecht werden oder wenn Freunde oder Kollegen mit Herausforderungen nicht so umgehen, wie Sie es für richtig halten – dann sind Missmut und Ärger die Folge.

Um lockerer zu werden und öfter gute Laune zu haben, sind vor allem die folgenden Kapitel für Sie interessant:

- »Lassen Sie sich von guter Laune infizieren« (ab Seite 71)
- »Dampf ablassen – ohne Super-GAU« (ab Seite 74)
- »Paradox hilft weiter« (ab Seite 85)

3. Wie steht es um Ihren Lebensstil?

Wenn Sie hier mehr als 30 Punkte erreichen, dann haben Sie sich leider einen ungesunden Lebensstil angewöhnt, der neben sich bereits abzeichnenden gesundheitlichen Problemen auf Dauer auch sehr auf die Stimmung drückt. Vor allem deswegen, weil Ihr Energielevel aufgrund der ungünstigen Muster so viel geringer ist, als es sein könnte.

Ansatzpunkte, um hier etwas zum Positiven zu verändern, finden Sie vor allem in den folgenden Kapiteln:

- »Schlafen Sie sich froh« (ab Seite 58)
- »Geben Sie dem Körper, was er braucht« (ab Seite 60)
- »Auspowern gibt neue Power« (ab Seite 63)

4. Wie viel Macht geben Sie den anderen?

Beträgt Ihre Gesamtpunktzahl hier mehr als 30, neigen Sie dazu, sich vorrangig an den Wünschen anderer zu orientieren und äußeren Einflüssen viel Macht einzuräumen. Hier helfen vor allem die Abschnitte, die Sie unterstützen, Ihre Selbstbestimmung zu stärken:

- »Gut gelaunte Menschen suchen« (ab Seite 68)
- »In die Zukunft und zurück« (ab Seite 83)
- »Säen heißt: in Vorleistung gehen« (ab Seite 105)

»Die Seele nimmt mit der Zeit die Farbe unserer Gedanken an.«

MARC AUREL

SIEBEN BLITZSTRATEGIEN

◆

Wenn das emotionale Tief Sie erwischt, sollten Sie sofort etwas dagegensetzen und die Wolken verscheuchen können. Hier finden Sie sieben erprobte Strategien für den Akutfall.

NUTZEN SIE ATEM UND BEWEGUNG

Die Art und Weise, wie wir atmen und unseren Körper bewegen, beeinflusst unsere Stimmung unmittelbar. Ein gutes Körpergefühl hellt die Stimmung auf. Und wenn wir flach atmen und uns nur wenig bewegen, trübt das die Laune. Durch Trägheit beamen wir uns in einen energiearmen Zustand, durch tiefe Atemzüge und Aktivität gewinnen wir an Kraft und Geschmeidigkeit. Wir gleiten in den Wohlfühlmodus.

MEHR LUFT ZUM LEBEN

Natürlich dient der Atem vorrangig dazu, uns mit Sauerstoff zu versorgen und im Gegenzug dazu das Kohlendioxid aus dem Körper hinauszutransportieren. Gleichzeitig aber ist die Art, wie wir atmen, auch Ausdruck unseres aktuellen körperlichen und psychischen Zustands.

Der Atem wird, ebenso wie Puls, Blutdruck oder Muskeltonus, über das vegetative Nervensystem gesteuert – und nimmt doch eine Sonderstellung ein, da er eine der wenigen Körperfunktionen ist, die wir direkt willentlich beeinflussen können. Der Atem reagiert sofort auf kleinste Veränderungen, auf alles, was wir sehen, hören, spüren, schme-

ATMEN SIE DURCH!

Da wir die Art und Weise, wie wir atmen, aktiv steuern und dies jederzeit im Alltag nutzen können, ist das bewusste Atmen gut geeignet als Blitzstrategie für gute Laune. Wenn Sie also merken, dass sich trübe Gedanken in Ihnen breitzumachen versuchen oder Ärger Ihre Stimmung verfinstern will, nehmen Sie einige tiefe Atemzüge – am besten am geöffneten Fenster. Spüren Sie, wie gut bereits diese kleine Übung tut?

cken, riechen oder denken. Unser Atemrhythmus verändert sich entsprechend unserer Gefühlslage.

Wir atmen rasch, wenn wir aufgeregt sind, und tief und langsam, wenn wir uns entspannen. Wenn wir gestresst und angespannt sind, wird der Atem automatisch flach, gepresst und stockend. Das tiefe, bewusste Durchatmen hingegen erfrischt Körper und Geist, denn das intensivere Atmen in Brust und Bauch hinein intensiviert den Zellstoffwechsel und die Durchblutung. Die Immunabwehr wird gestärkt und die Verdauung angeregt.

Der Atem wirkt dabei auch direkt auf die Stimmung ein. Wer einige Zeit tief und entspannt atmet, empfindet immer mehr Erleichterung und Zuversicht. Es tut einfach gut.

SCHLECHTE LAUNE RAUBT DEN ATEM

Wer oft schlecht drauf ist, beraubt sich selbst der Luft zum Atmen. Das fanden Bostoner Forscher heraus, die im Rahmen einer Studie mit älteren Männern die Folgen lang anhaltender Griesgrämigkeit untersuchten und parallel dazu die Lungenfunktion der Probanden aufzeichneten.

Bereits am Anfang der Untersuchung war auffällig, dass chronisch mies Gelaunte schlechtere Lungenfunktionswerte hatten als ihre optimistisch gestimmten Altersgenossen. Im weiteren Verlauf der Studie prägte sich dieser interessante Unterschied noch deutlicher aus. Je übler die Laune der Probanden wurde, desto markanter schritt auch der Verlust des Lungenvolumens fort.

DEN ATEM SPÜREN

•

Mithilfe dieser einfachen Atemübung gewinnen Sie Abstand zu dem, was Sie gerade gestresst oder Ihnen die Stimmung vermiest hat. Sie sorgen dafür, dass innerlich wieder Raum entsteht – Weite, die Sie ganz sicher wieder positiv stimmt.

▸ Sorgen Sie dafür, fünf Minuten lang ungestört zu sein. Öffnen Sie wenn möglich ein Fenster und nehmen Sie auf einem Stuhl Platz.

▸ Achten Sie darauf, dass Sie mit geradem Rücken aufrecht sitzen.

▸ Richten Sie Ihre Aufmerksamkeit nun ganz auf Ihren Atem. Lassen Sie die Luft durch die Nase ein- und ausströmen und nehmen Sie dabei die Atemzüge einfach nur wahr, ohne sie zu beeinflussen. Der Atem strömt ein, der Atem fließt hinaus ... Sie tun nichts weiter, als diesem Fluss mit Ihrer Aufmerksamkeit zu folgen.

▸ Wahrscheinlich werden Sie nach ein oder zwei Minuten feststellen, dass Sie ganz von selbst langsamer und tiefer atmen. Lassen Sie auch das zu und genießen Sie es, wie sich Ihre Lungen angenehm weiten.

▸ Bleiben Sie mit Ihrer Aufmerksamkeit weiterhin ganz bei Ihrem Atemstrom. Wenn Ihnen irgendwelche Gedanken in den Sinn kommen, schieben Sie sie beiseite und konzentrieren sich wieder vollständig auf das Ein und Aus Ihres Atems. Sie kehren immer wieder zum Atem zurück.

▸ Wenn ungefähr fünf Minuten vorüber sind, beenden Sie die Atemübung. Vielleicht wollen Sie sich genüsslich noch etwas dehnen und strecken. Spüren Sie noch einmal nach, wie es Ihnen jetzt geht, bevor Sie sich wieder dem zuwenden, was der Alltag gerade von Ihnen verlangt.

IHR ATEM VERLÄSST SIE NIE

Der Atem ist unentwegt bei Ihnen. Und so können Sie auch auf die vielfältigste Weise mit ihm üben. Experimentieren Sie auch einmal mit der folgenden Variante der eben beschriebenen Übung: Widmen Sie Ihre Aufmerksamkeit vor allem dem Ausatmen, indem Sie ganz langsam »Aaaauuussss« sagen und das »ssssss« in einem lang gezogenen Zischlaut verklingen lassen. Dies hat zur Folge, dass die Lunge sich noch besser von verbrauchter Luft entleert.

Nach einer Minipause atmen Sie wieder ein. Ganz automatisch nehmen Sie nun mehr Luft in sich auf, denn das intensivierte Ausatmen hat Platz geschaffen. Dieses Vertiefen der Atmung beruhigt und stärkt Sie. Es hilft Ihnen vor allem auch, in Stresssituationen wieder Ihre innere Mitte zu spüren und Ihre Stimmung aufzuhellen.

Probieren Sie auch einmal die nebenstehende Anregung aus. Solche Übungen lassen sich leicht in den Alltag integrieren und es bedarf dazu keinerlei besonderer Hilfsmittel. Nutzen Sie jede Möglichkeit, zwischendrin immer wieder einige tiefe Atemzüge zu nehmen.

ÜBUNG

ATEM UND FANTASIE

◆

▸ Stellen Sie sich locker vor ein geöffnetes Fenster und atmen Sie zunächst einfach nur ein und aus.

▸ Schließen Sie dann die Augen und stellen Sie sich vor, irgendwo draußen in der Natur zu sein – auf einer blühenden Wiese, im Wald oder im Park. Während Sie Ihre vorgestellte Umgebung wahrnehmen – den Sonnenschein, das Zwitschern der Vögel, das Glucksen eines Baches, was immer Ihnen guttut –, lassen Sie Ihre Atemzüge immer tiefer und langsamer werden. Gehen Sie in Ihrer Landschaft spazieren und genießen Sie die Ruhe, die sich in Ihnen ausbreitet.

▸ Kehren Sie dann langsam ins Hier und Jetzt zurück, öffnen Sie die Augen und springen Sie ein paarmal auf der Stelle, bis Sie sich ganz wach und fit fühlen.

KOMMEN SIE IN BEWEGUNG

In Körperhaltung und Körpersprache drückt sich unser emotionaler Zustand besonders deutlich aus. An einem trägen, schlurfenden Gang und einem leicht gebeugten Oberkörper ist niedergeschlagene Stimmung schon von Weitem erkennbar. Aber auch das Gegenmittel ist einleuchtend: Bewegt sich der Körper, so bewegt sich auch die Psyche und die Gedankenwelt verändert sich ebenfalls – Sie werden gelassener und können sich leichter von einer miesen Laune lösen.

Hallo, Körper!

Bewegung braucht dabei nicht unbedingt gleich eine Sportstunde oder ein Fitnesstraining zu sein – vielmehr macht körperliche Aktivität jeglicher Art fröhlicher. Bereits ein einfaches Ausschütteln und Auflockern der angespannten Muskeln kann bewirken, dass Sie sich gleich viel wohler fühlen. Und dies lässt sich auch ohne große Umstände zwischen zwei Terminen einschieben – im Job ebenso wie zu Hause.

Experimentieren Sie auch mal mit der nebenstehenden Übung, denn wer schlechte Laune hat, ist oft verkrampft und regelrecht verbissen. Dann müssen alle Körperteile wieder gelockert werden. Begrüßen Sie Ihren Körper, indem Sie ihn auch im Arbeitsalltag immer neu bewusst wahrnehmen und ihn das tun lassen, wofür er geschaffen wurde: für Aktivität und Bewegung.

Nutzen Sie Drogen – körpereigene

Sie könnten auf der Stelle laufen oder zu aktivierender Musik tanzen. Schon wenige Minuten auf der Stelle zu laufen bringt den müden Kreislauf gut in Schwung – und Sie stärken dabei auch Ihre Ausstrahlung. Bewegung als ein natürlicher Stimmungsaufheller wirkt im Gehirn wie eine schwache Droge. Die auch als »Glückshormone« bezeichneten Botenstoffe Serotonin und Dopamin werden ausgeschüttet und sorgen dafür, dass es uns gut geht.

> »Unser Körper ist
> die Harfe unserer Seele.«
>
> KHALIL GIBRAN

ÜBUNG

BELASTENDES ABSCHÜTTELN UND LOCKER WERDEN

•

Sorgen Sie dafür, ein paar Minuten ungestört zu sein, und lassen Sie frische Luft ins Zimmer.

▸ Phase 1: Lösen Sie zunächst Kaumuskeln und Kiefergelenk. Stellen Sie sich vor, Sie würden einen riesengroßen Kaugummi kauen, und machen Sie entsprechende Mundbewegungen: »Miamiamiam«. Blasen Sie die Wangen auf und lassen Sie zwischendurch die Luft entweichen.

▸ Gähnen Sie nun ausgiebig. Das bringt frischen Sauerstoff in Lungen und Kreislauf. Dabei rekeln und strecken Sie sich ausgiebig.

▸ Schütteln Sie anschließend Ihre Arme aus und stellen Sie sich dabei vor, Sie würden alles, was Sie gerade ärgert, nervt und stört, zu Ihren Fingern herausschütteln.

▸ Beginnen Sie jetzt, ganz locker auf der Stelle zu hopsen. Bei jedem Ausatmen geben Sie ein »Ho« von sich. Stellen Sie sich vor, dass Sie sich mit jedem »Ho« noch weiter von Stress und nervenden Dingen befreien und gleichzeitig immer lockerer werden.

▸ Phase 2: Sobald Sie sich gut aufgelockert fühlen, nehmen Sie einen festen, entspannten Stand ein, die Füße etwa schulterbreit auseinander. Atmen Sie ein und führen Sie die Arme ausgestreckt seitlich hoch bis über den Kopf. Atmen Sie aus und senken Sie dabei die Arme wieder seitlich nach unten. Beim Einatmen stellen Sie sich vor, dass Energie in Sie einströmt. Beim Ausatmen visualisieren Sie, dass alles, was noch an mieser Laune, Ärger und Verdruss in Ihnen ist, einfach herausströmt.

▸ Wiederholen Sie diese Übung einige Male, bevor Sie sich wieder dem zuwenden, was ansteht.

NEHMEN SIE HALTUNG AN

Das soll keineswegs militärisch rüberkommen, und doch kommt es nicht von ungefähr, dass dort eine gerade Haltung ein absolutes Muss ist. Wie eng Ihre Stimmungslage mit Atmung und Bewegung zusammenhängt, haben Sie bereits bei Blitzstrategie 1 erfahren. Doch auch Ihre Körperhaltung, die Art, wie Sie gewohnheitsmäßig sitzen, stehen und gehen, spielt für Ihre gute Laune eine wichtige Rolle.

STIMMUNG BEEINFLUSST HALTUNG …

Häufig erkennen wir allein an der Körperhaltung, wie jemand gestimmt ist. Wer sich mutlos und resigniert fühlt, bewegt sich deutlich langsamer als jemand, der guter Dinge ist. Die Haltung ist gebeugt und die Füße schlurfen eher, als dass sie gehen. Auch wer schlaff und eingesunken auf seinem Stuhl lümmelt, wird sich nur schwer von düsteren Gedanken lösen können – und noch weniger in der Lage sein, Energie dafür zu sammeln, Anstehendes beherzt anzupacken. Genauso paradox ist es, mit eingefallenem Brustkorb und hängendem Kopf in eine gute Stimmung kommen zu wollen. Probieren Sie es spaßeshalber mal aus!

Wenn wir uns gut fühlen, sieht die Sache – oder besser: sehen wir – schon viel besser aus. Freude und Begeisterung aktivieren im Körper Spannkraft und Bewegungsdrang. Sie bewirken, dass wir uns vital, energiegeladen und lebendig fühlen und das auch ausstrahlen. Erhobener Kopf, straffe Schultern, bestimmter Schritt.

… HALTUNG BEEINFLUSST STIMMUNG

Das Zusammenspiel von innerer Haltung und Körperhaltung klappt auch umgekehrt: Ihre Körperhaltung – wie auch Ihre Mimik und Gestik – entschei-

»*Wende dein Gesicht der Sonne zu, dann fallen die Schatten hinter dich.*«

AFRIKANISCHES SPRICHWORT

det mit, wie Sie sich fühlen. Wer sich mit geradem Rücken hinstellt und die Schultern zurücknimmt, dabei die Brust nach vorn streckt, sodass der Atem frei fließen kann, wird sich dementsprechend aktiv und zuversichtlich fühlen. Wenn Sie aufrecht stehen, gehen und sitzen, werden Ihre Lungen und Ihr Gehirn viel besser mit Sauerstoff versorgt. Davon profitiert Ihr Wohlbefinden ebenso wie Ihre Konzentrationsfähigkeit. Und ganz nebenbei kommen Sie auch besser an.

Das Wissen um diese Zusammenhänge können Sie effektiv im Alltag in allen möglichen Situationen einsetzen: während Sie von einem Raum in den anderen gehen, während Sie am Computer arbeiten, bei einem Meeting mit Kollegen, auf dem Hin- und Heimweg zur und von der Arbeit und selbstverständlich auch bei allen Freizeitaktivitäten. Beginnen Sie einfach damit, Ihre Körperhaltung bewusst zu verändern. Das Ziel dabei ist nicht, sich zu verstellen oder sich etwas vorzumachen, sondern wahrzunehmen, welchen Einfluss die Körperhaltung auf die Stimmung hat, und zu registrieren, was Veränderungen hier im Einzelnen bewirken. Dabei unterstützt Sie auch die Übung auf der folgenden Seite.

AUFRECHT, WÜRDEVOLL – GUT GELAUNT

Experimentieren Sie immer mal wieder nach Lust und Laune damit, Ihre Haltung zu verändern und jeweils die Körperposition zu finden, in der Sie sich wohl, optimistisch, gelassen und selbstsicher fühlen. Nehmen Sie diese dann so oft wie möglich in Ihrem normalen Alltag ein! Je öfter Sie in gerader Haltung stehen oder sitzen, je beschwingter Sie gehen, desto wohler werden Sie sich fühlen. Verändern Sie Ihre Körperhaltung – und Ihre Stimmung wird der Haltung wie von selbst folgen.

HALTUNG UND STIMMUNG

●

▸ Sorgen Sie dafür, dass Sie ungefähr zehn Minuten ungestört bleiben, und stellen Sie sich vor einen Spiegel, in dem Sie Ihren ganzen Körper betrachten können.

▸ Schließen Sie die Augen und nehmen Sie eine Körperhaltung ein, die Sie mit Niedergeschlagenheit verbinden. Denken Sie dabei so etwas wie: »Mir ist alles zu viel. Ich schaffe das nicht. Ich fühle mich elend. Niemanden interessiert es, wie es mir geht.« Achten Sie auf die Empfindungen, die dabei in Ihnen aufsteigen.

▸ Dann öffnen Sie die Augen und betrachten sich im Spiegel, ohne Ihre Pose zu verändern. Welche Ausstrahlung dürften Sie in diesem Augenblick auf andere haben?

▸ Schließen Sie die Augen wieder und verharren Sie dabei in der momentanen Körperhaltung. Denken Sie jetzt so etwas wie: »Ich mag mich. Ich fühle mich wohl und bin meinen Aufgaben gut gewachsen. Andere mögen mich und sind gern mit mir zusammen.« Können Sie spüren, dass Gedanken und Haltung nicht mehr harmonieren? Wie fühlt sich das an? Welche Impulse spüren Sie?

▸ Nehmen Sie nun – wieder bei geschlossenen Augen – eine Körperhaltung ein, die Ihre wertschätzenden Gedanken gegenüber sich selbst ausdrückt. Spüren Sie in sich hinein und stellen Sie sich genauso hin, wie Sie vermuten, dass es ein Mensch mit dieser inneren Haltung tun würde. Verändern Sie Ihre Körperhaltung so lange, bis Sie sie als stimmig zu Ihren Gedanken empfinden. Öffnen Sie dann die Augen und betrachten Sie Ihr Spiegelbild. Was nehmen Sie wahr? Und wie fühlen Sie sich jetzt?

LÄCHELN UND LACHEN SIE

Wichtige Elemente unserer inneren und äußeren Haltung sind Mimik und Gestik. Und da ist es vor allem unser Lächeln, das einen Unterschied darin macht, wie wir uns selbst fühlen und wie wir von den Menschen in unserem Umfeld wahrgenommen werden. Lächeln hebt tatsächlich die Stimmung – auch dann, wenn es erst einmal einem »So tun, als ob« entspringt.

Lächeln entspannt und hilft dabei, innere Blockaden zu lösen. Zunächst gibt es einen Auslösereiz. Wir sehen oder hören etwas, das an das Gehirn weitergeleitet wird. Sofort erfolgt eine Einordnung – angenehm oder unangenehm, traurig, sachlich oder lustig und so weiter. Ist der Reiz angenehm, amüsant oder lustig, sendet das Gehirn entsprechende Botenstoffe aus und gibt den Anstoß zum Lächeln oder Lachen.

HOHO, HAHAHA

Dies ist der typische Ruf von Anhängern einer ungewöhnlichen Aktivität: Lachyoga. Es arbeitet mit dem Initiieren von Lachen, völlig ohne Grund. So nutzt Lachyoga das Phänomen, dass eine Veränderung der Körperhaltung eine Veränderung der inneren Haltung bewirkt: Bewusst herbeigeführtes Lachen ruft nach einer Zeit tatsächlich gute Laune und echtes Lachen hervor. Die reine mimische Bewegung, so als würde man lachen, beeinflusst das innere Geschehen. Nach oben zeigende Mundwinkel und das typische Lachgeräusch melden dem Gehirn, dass jetzt Gut-drauf-Sein angesagt ist – und dies eben auch dann, wenn weit und breit nichts Komisches geschieht.

Wie lachen denn Löwen?

Einer der Klassiker im Lachyoga ist das Löwenlachen – eine Übung, die nicht nur das Lachen herauslockt, sondern als Nebeneffekt auch spürbar Spannung abbaut. Probieren Sie es einfach mal aus: Halten Sie die Finger beider Hände mit den Handflächen nach vorn neben Ihr Gesicht – wie die Pranken eines Löwen. Spreizen Sie dann die Finger und reißen Sie gleichzeitig Augen und Mund weit auf. Strecken die Zunge möglichst

LÄCHELN SIE SICH FROH

●

▸ Stellen Sie sich locker vor einen Spiegel. Schätzen Sie Ihre aktuelle Stimmungslage auf einer Skala von 1 bis 10 ein (10 = supergut, bestens, 1 = allermieseste Laune). Lächeln Sie dann Ihrem Spiegelbild zu, etwa ein bis zwei Minuten lang. Achten Sie darauf, dass auch die Augen mitlächeln, Sie also nicht nur den Mund verziehen.

▸ Danach schätzen Sie wieder Ihre Stimmung auf der Skala ein. Was hat sich verändert?

Wie Wissenschaftler herausfanden, hellt sich die Stimmung mittels dieser kleinen Lächelübung oft deutlich auf. Und im Gegensatz zur nur aufgesetzten Freundlichkeit macht hier der Körper mit und das Blatt kann sich so tatsächlich wenden. Wichtig ist, für einen möglichen Wandel offen zu sein.

weit heraus und lachen Sie dabei aus vollem Halse: Hahaha … Wiederholen Sie das fünf- bis zehnmal – wenn Sie dabei in den Spiegel schauen, geht das gewollte Lachen umso schneller in ein natürliches Lachen über. Grinsen Sie sich zum Abschluss breit an und werfen Sie Ihrem Spiegelbild eine Kusshand zu. Übrigens: Mit anderen zusammen Lachübungen zu machen lässt die Stimmung noch weiter steigen. Lachyoga-Gruppen gibt es mittlerweile an vielen Orten (siehe Seite 125).

Ansteckend – auch fürs Gehirn

Dem Gehirn ist es egal, ob wir aus Freude oder ohne Grund grinsen oder in Gelächter ausbrechen. Die daran beteiligten Muskeln signalisieren ihm so oder so, dass gute Laune angesagt ist, woraufhin Glückshormone freigesetzt werden. Wer lacht oder auch nur lächelt, kann nicht zugleich traurig sein.

Für ein Lächeln benötigen Sie weniger Muskeln als für einen sauertöpfischen Ausdruck. Und: Nicht nur schlechte Laune, auch Lächeln ist ansteckend. Meist wird es erwidert und schon freuen wir uns, dass der andere sich freut.

»GUTE LAUNE« WIDER WILLEN SCHADET

Vorsicht: Reines So-tun-als-ob kann kurzfristig gesehen sehr nützlich sein. Es ist aber kein Heilmittel gegen Niedergedrücktheit oder unterschwellig köchelnde Gereiztheit – ganz im Gegenteil. Vor allem dann nicht, wenn es nicht aus eigenem Antrieb heraus geschieht, sondern erzwungen wird. Wer nämlich an seinem Arbeitsplatz oft Gefühle wegdrücken und auch anmaßenden und aggressiven Kunden gegenüber freundlich bleiben muss, schadet sich auf Dauer selbst damit. Wie mittlerweile etliche Studien belegen, erfordert es einen enormen psychischen Aufwand, ständig freundlich zu sein und gute Miene zum bösen Spiel zu machen, wenn man in Wirklichkeit wütend oder traurig ist. Die Nachteile der damit verbundenen emotionalen Dissonanz sind Erschöpfung und Gefühle der Überforderung – bis hin zum Burn-out.

DIE BESTE MEDIZIN

Wer sich so richtig vor Lachen kringelt, bewegt dabei bis zu 80 Muskeln und erlebt positiven Stress – was das Gemüt erfrischt und ausgesprochen gesund ist. Wie eine Studie der University of Maryland darlegt, haben Menschen, die viel und gern lachen, bessere Chancen, gesund zu bleiben und lange zu leben. Lachen wirkt wie eine Art inneres Jogging auf den Organismus und ist gleichzeitig ein Labsal für die Seele. Sich vom Lachen anderer anstecken zu lassen, schafft zudem ein Gefühl der Zugehörigkeit. Wie britische Forscher herausfanden, löst Lachen in einer bestimmten Region der Hirnrinde eine sehr starke Antwort aus, die uns dann dazu bringt, diese akustischen Gefühlsausdrücke zu spiegeln. Allein schon das Lachgeräusch genügt, um die Gesichtsmuskeln automatisch auf das Mitlachen vorzubereiten … Also: Wenn Lachen so gut ist, sollten wir vieles von der wohlwollenden oder gar komischen Seite betrachten. Unsere Laune wird es lieben!

GEWINNEN SIE ABSTAND

Wenn etwas Sie bedrückt, verärgert oder aus der Fassung gebracht hat, hilft oft ein Wechsel der Umgebung, um Ihre Stimmung zu heben und auf hilfreiche Gedanken zu kommen. So können diese quälenden Gefühle Sie nicht gefangen nehmen und nicht Ihr gesamtes Denken und Fühlen beherrschen.

WAS OFT WUNDER WIRKT

Unterbrechen Sie Ihr Tun und Denken! Beschäftigen Sie sich kurzzeitig mit etwas, das Ihnen einen Abstand zu dem ermöglicht, das Ihr Denken und Ihre Gefühle besetzt hält. Ziel ist nicht, diese Gedanken und Gefühle zu verleugnen, sondern sie gewissermaßen »aus sicherer Distanz« etwas später wieder klarer und gelassener wahrnehmen zu kön-

»Gedanken wollen oft – wie Kinder und Hunde –, dass man mit ihnen im Freien spazieren geht.«

CHRISTIAN MORGENSTERN

nen. Eine andere Umgebung bringt uns oft auf andere Gedanken, insbesondere dann, wenn wir das Gefühl haben, dass uns in den gewohnten vier Wänden die Decke auf den Kopf fällt.

Am Arbeitsplatz kann dies heißen: in ein anderes Zimmer gehen, ein paar Schritte tun, im Flur ein paarmal auf und ab gehen. Oder sich im Waschraum im Spiegel anlächeln, sich innerlich oder auch laut ein paar aufmunternde, bestärkende Worte sagen.

Oder Sie öffnen ein Fenster, lassen die frische Luft in die Lungen strömen und schauen hinaus. Dabei nehmen Sie einfach nur wahr, was sich dort draußen gerade so tut, ohne irgendetwas davon zu bewerten. Betrachten Sie die Häuser gegenüber, die Straße, die Bäume, die Passanten … Was sehen, hören, riechen Sie? Ist es warm oder kühl? Sonnenschein, Nebel, Regen? Was fällt Ihnen besonders auf? Mit all dem bringen Sie sich auf andere Gedanken.

Wenn Sie die Gelegenheit dazu haben, dann gehen Sie tatsächlich hinaus und machen einen kleinen Spaziergang. Das hilft noch besser, einen klaren Kopf zu kriegen, und macht es leichter, die Gedanken und Gefühle zu ordnen.

MACHEN SIE SICH FREUDE

Wenn Sie daheim sind, dann haben Sie natürlich noch viel mehr Möglichkeiten als im Job, räumlich und innerlich auf Distanz zu aufgewühlten oder niederdrückenden Gefühlen zu gehen. Sie können beispielsweise eine Runde joggen oder walken, zu Ihrer Lieblingsmusik tanzen, Ihre beste Freundin anrufen und mit ihr herumalbern, ein duftendes Lavendelbad nehmen oder sich der Gartenpflege widmen. Gut ist auch, etwas gemeinsam mit Freunden zu unternehmen – vielleicht ein Rockkonzert besuchen, ein Fußballspiel, eine Ausstellung, das Theater, einen Vortrag, was auch immer. Oder Sie gehen zusammen essen. Probieren Sie einfach unterschiedliche Möglichkeiten aus. Abstand zu nehmen unterstützt Sie dabei, das, was Sie aufgebracht oder bekümmert hat, »sacken« zu lassen.

DAS UNBEWUSSTE ARBEITET MIT

Abstand nehmen bringt Ihnen zwei große Vorteile: Sie fühlen sich sofort entlastet, weil Ihre Gedanken nicht mehr um das Problem kreisen. Die Konzentration auf etwas anderes unterstützt Sie außerdem dabei, neu den Überblick zu gewinnen und andere Aspekte zu entdecken. Derweil arbeitet Ihr Unbewusstes ohnehin an einer Lösung.

MACHEN SIE DEN GEDANKENSTOPP

Gedanken, die mit Ärger, Zurückweisung, Enttäuschung und Rachegelüsten verbunden sind, drehen sich häufig im Kreis, kommen uns immer wieder von Neuem in den Kopf und drehen eine weitere Runde und noch eine und noch eine ... Als hätten sie sich verselbstständigt, stellen sie sich in bestimmten Situationen fast schon automatisch ein. Das macht nicht nur der Stimmung den Garaus, sondern zieht auch die Konzentrationsfähigkeit in Mitleidenschaft und raubt uns Energie.

Besser, als in solche Gedanken-Endlosschleifen einzutauchen, ist es, innezuhalten, ein paar tiefe Atemzüge zu nehmen und sich dann eine entscheidende Frage zu stellen – mit der Sie bereits Ihre negativen und übellaunigen Gedanken unterbrechen. Sie fragen also: Ist es möglich, jetzt sofort etwas zu tun, was den Zorn, den Frust (oder was immer Ihre Gedanken besetzt hält), effektiv auflösen kann? Ja? Dann werden Sie aktiv. Tun Sie es.

Nein? Dann bringt es überhaupt nichts, weiter darüber nachzugrübeln. In diesem Fall schafft eine einfache Übung Abhilfe: der Gedankenstopp von der gegenüberliegenden Seite.

DRANBLEIBEN – ES LOHNT SICH

Damit der Gedankenstopp eine Gewohnheit wird, bedarf es der Übung. Anfangs ist er sicher etliche Male pro Tag erforderlich, je nachdem, wie eingespurt Ihre Neigung zu Befürchtungen und Grübelei ist. Der Gedankenstopp löst zwar nicht das Problem, doch Sie schaffen damit den nötigen Abstand, um wieder klarer denken und zielgerichtet handeln zu können. Und Sie erleben sich neu als Gestalter statt als Opfer Ihres Lebens.

GEDANKENSTOPP

—●—

Wenn Ihnen bewusst wird, dass Sie fruchtlos über etwas nachgrübeln oder eine Gedankenschleife nach der anderen ziehen, dann sollten Sie dies schnellstmöglich unterbrechen.

▸ Sofern Sie allein im Raum sind, klatschen Sie in die Hände und rufen Sie laut: »Stopp!« Falls nicht, dann formulieren Sie das »Stopp!« innerlich und legen dabei gleichzeitig die Handflächen aneinander.

▸ Visualisieren Sie in Gedanken das sechseckige rote Verkehrsschild mit der weißen Aufschrift »Stop«. Noch wirkungsvoller ist es, wenn Sie irgendwo, wo Ihr Blick oft hinfällt, die Abbildung eines solchen Stoppschildes aufhängen. Auf dieses Schild schauen Sie dann genau in dem Moment, in dem Sie »Stopp!« zu sich sagen.

▸ Lockern Sie jetzt Kiefer, Schultern und Nacken und nehmen Sie ein paar lang gezogene tiefe Atemzüge. Stellen Sie sich aufrecht hin und machen Sie ein paar Schritte durch den Raum, wenn Sie die Möglichkeit haben, gehen Sie kurz nach draußen. Stimmungen lassen sich – wie Sie wissen – gut durch eine veränderte Körperhaltung beeinflussen.

▸ Nun müssen Sie aufpassen, dass die Grübeleien und Gedanken nicht gleich wieder auf Sie einstürmen, wenn Sie wieder an Ihre Tätigkeiten gehen. Fokussieren Sie sich daher nach dem Stopp bewusst auf etwas Schönes, auf etwas, das Vorfreude auslöst, etwas, wofür Sie dankbar sind, oder etwas Angenehmes, das Sie zeitnah für sich oder jemand anderen tun möchten. Nutzen Sie dabei auch positive Selbstbestärkungen wie zum Beispiel »Ich bin ganz im Jetzt!« oder »Ich kann das!«

ENTÄRGERN SIE SICH

Ärger schadet uns selbst oft mehr als demjenigen, auf den sich dieses Gefühl richtet. Wenn wir Ärger empfinden, reagiert der Körper sofort: Unser Herzschlag wird schneller, die Atmung flacher und der Blutdruck steigt. Der Organismus richtet sich auf Kämpfen oder Fliehen ein und schüttet Stresshormone aus. Klingt nicht gut. Und dennoch ist Ärger wichtig und hat auch gute Seiten: Er ist dazu gedacht, uns bewusst zu machen, dass unsere Wünsche und Bedürfnisse verletzt oder unsere Erwartungen und Pläne durchkreuzt wurden, er hat also eine Art Wächterfunktion inne.

TUN SIE SICH NICHT WEH

Ärgergefühle folgen inneren Mustern und es ist wichtig, diese zu erkennen, denn nur so können wir verstehen, wann Ärger angemessen ist und wann es sinnlos ist, sich zu ärgern, weil wir ohnehin keine Abhilfe schaffen können. Für viele Menschen ist Ärger deswegen so erdrückend, weil sie ihre Gedanken nicht wieder von ihm lösen können: Sie bekommen das Ärgernis einfach nicht aus dem Kopf und beschäftigen sich auch dann noch damit, wenn der eigentliche Anlass schon lange vorbei ist. Das führt zu Dauerstress mit all seinen negativen Folgen. Doch auch das impulsive Ausleben ist nicht zu empfehlen, da es die Situation meist noch verschärft. Im Affekt sagen wir Dinge, die wir dann später nur allzu gern wieder zurücknehmen würden. Was also tun?

Der Ärger kommt in die Kiste

Für automatisch wiederkehrende Ärgergedanken, die sich immer wieder in Ihr Bewusstsein drängen wollen und Ihnen damit schlechte Laune machen, kann es als Ergänzung zur Gedankenstopp-Technik (Seite 37) nützlich sein, die »Anti-Ärger-Box« einzusetzen. Diese Methode bewirkt, dass störende Gedanken ausgeblendet werden, ohne verloren zu gehen. Jedoch springen Sie nun nicht automatisch darauf an, sondern entscheiden ganz bewusst, wann und wie lange Sie sich damit befassen wollen. Sie behalten das Steuer in der Hand.

ÜBUNG

DIE ANTI-ÄRGER-BOX

▸ Besorgen Sie sich eine kleine Schachtel mit Deckel.

▸ Wählen Sie eine Zeitspanne aus, in der Sie in Ruhe über alle frustrierenden Ereignisse des Tages nachdenken wollen, beispielsweise von 18.00 bis 18.30 Uhr. Begrenzen Sie diesen Zeitraum wirklich ganz bewusst auf 20 bis 30 Minuten.

▸ Wenn Ihnen nun tagsüber Ärger- oder Frustgedanken in den Sinn kommen, wenden Sie zunächst den Gedankenstopp an (Seite 37), schreiben den Gedanken dann aber auf einen Zettel und werfen ihn in die Box. Sagen Sie sich dabei so etwas wie: »Okay, heute 18.00 Uhr!« Gedanken, die bereits notiert sind, aber immer wieder auftauchen, weisen Sie ab mit: »Ja, ja, Ruhe! Du bist schon erfasst.«

▸ Zur festgelegten Zeit klappen Sie Ihre Anti-Ärger-Box auf und beschäftigen sich mit den Notizen. Etliches wird sich zwischenzeitlich von selbst erledigt haben, anderes völlig uninteressant geworden sein und über manches werden Sie wohl lachen. Für das, was noch virulent ist, können Sie sich nun erlauben, Ihrem Ärger Luft zu machen. Schimpfen Sie vor sich hin, schütteln Sie die Fäuste, teilen Sie imaginäre Tritte aus, hauen Sie mit der Faust auf den Tisch (aber nicht so, dass es Ihnen selbst wehtut). Wenn Ihnen danach ist, können Sie nun auch völlig unproduktiv über das Gelesene nachgrübeln, alle möglichen Mutmaßungen anstellen und sich ärgern. Was immer Sie wollen!

▸ Nach der im Vorfeld vereinbarten Zeitspanne machen Sie einen Schnitt: Jetzt ist Schluss mit Ärger. Und morgen um die gleiche Zeit ist erneut Ärger-Sprechstunde.

WIE SCHWER WIEGT IHR ÄRGER?

Seien wir mal ehrlich: Nur selten vergeht ein Tag, ohne dass wir uns über Mitmenschen oder uns selbst ärgern. Nur sehr wenige leben gänzlich grollfrei und nehmen alles, was geschieht, mit völligem Gleichmut hin.

Solange Ärgergefühle nicht überhandnehmen, stellen sie kein Problem dar, denn sie können oftmals auch Impulse für positive Veränderungen setzen. Dann bringt uns das innere Aufwallen dazu, etwas an Umständen zu ändern, die uns schon lange stinken.

Entwickelt sich der Ärger jedoch zu einem ständigen Begleiter, sodass wir uns häufig regelrecht in das hineinsteigern, was in unseren Augen falsch läuft, hat der Ärger eine destruktive Wirkung auf Körper und Psyche – vor allem dann, wenn er sich eben auf Dinge bezieht, die wir ohnehin nicht ändern können. Chronischer Ärger gräbt sich irgendwann ins Gesicht ein. Statt Lachfältchen bilden sich mit der Zeit Gramfurchen auf Stirn und Wangen. Und wenn sich Kollegen und sogar auch Freunde dann durch unsere finstere Miene abgeschreckt fühlen und uns möglichst aus dem Weg gehen, ist das natürlich auch wieder ein Grund, sich zu ärgern ...

Lassen Sie es einfach nicht so weit kommen. Die Strategien hier im Buch zeigen einen realistischen Ausweg – den Weg zur guten Laune.

Sie gestalten Ihr Leben.
Niemand sonst

Übungen wie der Gedankenstopp und die Anti-Ärger-Box unterstützen Sie in Ihrer Souveränität. Sie erleben sich als aktiv und gestaltend anstelle von passiv und erleidend. Allein dies trägt schon zur Stimmungsaufhellung bei. Wer sich dagegen als Opfer der Umstände oder als wehrlos den eigenen Gedanken, Stimmungen und Gefühlen gegenüber erlebt, dem erscheint das Leben als Tretmühle. Wenn der Ärger überhandnimmt, kann auch die folgende Übung helfen, die sich leicht zwischendurch einschieben lässt. Sie unterstützt dabei, sich wieder zu zentrieren und Abstand vom Geschehen zu gewinnen.

DIE THYMUSDRÜSE ALS EFFEKTIVES ABWEHRORGAN

Die Thymusdrüse wird nicht umsonst auch als »Gehirn der körpereigenen Abwehr« bezeichnet, da sie – vor allem in Kindheit und Jugend – ganz wesentlich am Aufbau des Immunsystems beteiligt ist. Doch auch wenn wir dann erwachsen sind, bleibt es ihre Aufgabe, T-Lymphozyten für die körpereigene Abwehr von Infektionen zu produzieren und den Energiestrom im Körper zu steuern. Für unser Gute-Laune-Coaching können wir mittels Stimulierung des Thymuspunktes Abstand zu Ärgergefühlen gewinnen und unsere Stimmung aufhellen.

ÜBUNG

THYMUSPUNKT KLOPFEN

●

▸ Sorgen Sie dafür, ein paar Minuten ungestört zu sein, und stellen oder setzen Sie sich locker hin.
▸ Legen Sie die Fingerspitzen auf das Brustbein und klopfen Sie etwa eine Minute lang auf die Stelle, die direkt über der Thymusdrüse liegt: der Thymuspunkt. Das ist etwa vier Fingerbreit unterhalb der Halskuhle hinter dem Brustbein in der Mitte des Brustkorbs. Klopfen Sie sehr langsam und in Ruhe etwa zehn- bis zwölfmal auf diese Stelle und atmen Sie dabei entspannt und tief ein und aus.
▸ Nutzen Sie die kleine Übung vor allem im Akutfall: Wann immer Sie an das denken, was Sie verärgert, klopfen Sie in dieser Weise auf den Thymuspunkt, ruhig auch mehrmals am Tag, wenn das nötig ist.

GENIESSEN MIT ALLEN SINNEN

Da wir ja über (mindestens) fünf Sinne verfügen, versammelt sich unter dieser Blitzstrategie ein bunter Blumenstrauß an Impulsen zur schnellen Stimmungsaufhellung. Wer darauf achtet, im Alltag ein persönlich befriedigendes Maß an jenen Dingen zu erleben, die sinnlichen Genuss bereiten, guttun, einfach angenehm und lustvoll sind, der schafft die Voraussetzung für viele kleine, feine Glückserlebnisse.

Dazu kann es gehören, spazieren zu gehen, Musik zu hören oder gut essen zu gehen und vieles mehr. Gute Laune ist stark an das sinnliche Erleben gekoppelt, denn wir nehmen ja angenehme wie unangenehme Reize von außen ausschließlich über Augen, Ohren, Nase, Mund und über die Haut auf. Dies bietet uns viele Ansatzpunkte für unser Gute-Laune-Coaching.

SONNENLICHT MACHT FROH

Der tägliche Lichteinfall und die Anzahl der Sonnenscheinstunden bilden zusammen mit Außentemperatur, Luftdruck und elektrischer Ladung der Luft jahreszeitabhängige Variablen, die auf

RAUS IN DIE SONNE!

Nutzen Sie das Sonnenlicht, um den Fluss von Gute-Laune-Hormonen anzuregen. Halten Sie sich jeden Tag mindestens eine halbe Stunde lang draußen auf. Auch ein bedeckter Himmel hat messbar mehr Licht als die Beleuchtung im Büro oder zu Hause – etwa 4000 Lux stehen da ungefähr 500 Lux gegenüber. Besonders in den Wintermonaten ist dies gut zu wissen. Seien Sie auch dann konsequent, gehen Sie raus – und genießen Sie danach die Wärme im Haus umso mehr.

unser körperliches und seelisches Befinden, auf unsere Stimmung und das Schlafbedürfnis einwirken. Helligkeit brauchen wir (beinahe) so sehr wie die Luft zum Atmen.

Für eine ganze Reihe von biochemischen Abläufen in unserem Körper sind Licht und Sonne äußerst wichtig. Ein Mangel daran lässt uns schnell müde und lustlos werden. Es fällt uns schwerer, uns zu konzentrieren, und statt gelassen sind wir genervt.

Nicht umsonst spricht man vom »Novemberblues« – die melancholische Stimmung wird nicht nur durch die kahlen Bäume, die Kühle, den Nebel und die trüben Farben hervorgerufen, sondern eben auch durch den Mangel an Licht, wenn wir es aufgrund des Wetters vorziehen, uns drinnen im Warmen aufzuhalten.

FARBE BELEBT DEN ALLTAG

Farben sind nicht nur schön. Jede hat ihre spezielle Wirkung auf unsere Stimmung und unser Befinden, denn alle Farben verfügen über eine für sie typische Wellenlänge und Energie, die eine Resonanz in uns hervorruft.

Das Leben sei bunt!

So können wir viel für unser Wohlbefinden tun, indem wir mittels Farbe emotionale Zustände verstärken oder auch ausgleichen. Farben wirken auf uns anregend oder beruhigend und vermögen sogar Heilungsprozesse zu fördern. So wirkt zum Beispiel blaues Licht kühlend und dämpfend, rotes Licht hingegen wärmend und aktivierend. Dies lässt sich anhand von Messungen des Blutdrucks, der Herzfrequenz und des Hautwiderstands gut nachweisen.

Farbkultur

Darüber hinaus haben Farben symbolische Bedeutungen, die sich nach dem jeweiligen kulturellen Hintergrund im Unbewussten verankert haben. Der Kulturkreis, in dem wir aufgewachsen sind, beeinflusst daher unser Farbempfinden und unsere farblichen Vorlieben und Abneigungen.

> »*Farben sind reale Kräfte, Taten des Lichts.*«
>
> JOHANN WOLFGANG VON GOETHE

FARBENFROH ZU GUTER STIMMUNG

Jede Farbe wirkt anders auf unser Gemüt.
Wenn Sie sich in die Farben dieser Schmetterlinge vertiefen: Spüren Sie,
wie sich Ihre Gefühle verändern?

Gelebte Farbwelten – in Kleidung und Wohnräumen

Die Wirkungen der Farben auf unsere Stimmung lässt sich vielfältig nutzen – durch die Wahl der Kleidung beispielsweise, die wir auf die Gefühle abstimmen können, die wir gern erleben. Auch wenn wir unsere Umgebung farbig gestalten, können wir nicht nur unseren kreativen Kräften Ausdruck geben, sondern darüber hinaus unsere Stimmung positiv beeinflussen. Indem wir unseren Räumen eine nach unserem subjektiven Empfinden farblich ansprechende Ausstrahlung verleihen, schaffen wir eine Harmonie zwischen den einzelnen Flächen und Gegenständen – also von Boden, Wänden, Decke, Möbeln, Türen, Fensterrahmen und so weiter. Dafür lassen sich auch passende Wohnaccessoires wie Teppiche, Kissen, Rollos oder Vorhänge nutzen. Hierbei können Sie Ihrer kreativen Lebensfreude freien Lauf lassen. Und sich jedes Mal wieder die Stimmung aufhellen, wenn Sie den Raum betreten.

RÄUME ERSTRAHLEN LASSEN

Bei der gekonnten Raumgestaltung sollte die Wirkung der Farben einbezogen werden. Warme Pastelltöne – zum Beispiel helle Gelb-, Rosé- und Orangetöne – lassen Räume leicht und freundlich und auch größer wirken, während kalte Farben wie Blau oder Türkis Distanz schaffen und eine beruhigende, entspannende und kühlende Wirkung haben. Kräftige warme Farben wie Gelb, Orange, Rot, Ocker, Beige und Braun stehen für Fröhlichkeit, wohltuende Nähe und Gemütlichkeit.

Wer einmal mit der farblichen Neugestaltung der Wohnung oder wenn möglich auch des Arbeitsplatzes experimentieren möchte, sollte am besten bei dem Raum anfangen, in dem er sich am häufigsten aufhält. Dann wird die Wirkung umso schneller spürbar.

MUSIK BESCHWINGT

Wohl jeder hat schon erfahren, wie Musik ganz unmittelbar auf die Stimmung einwirken kann. Wir versinken vielleicht gerade in Melancholie, finden alles sinnlos und haben zu nichts wirklich Lust, und plötzlich hören wir die ersten Takte unseres Lieblingssongs. Unwillkürlich summen wir mit und sind auf einmal wie verwandelt, fühlen uns beschwingt und sind auch wieder optimistisch gestimmt.

Ein klingender, tönender Gesundbrunnen

Musik wirkt ganz unmittelbar auf die Atmung, den Herzschlag und den Blutdruck ein und kurbelt auch die Ausschüttung von Gute-Laune-Hormonen an, da die Klänge direkt das Belohnungszentrum des Hirns ansprechen. Musik kann deshalb Emotionen verändern oder auch erst auslösen. Schließlich wissen wir alle, dass Musik beim Zuhörer Gänsehaut oder sogar Tränen verursachen kann. Außerdem verbindet sich Musik manchmal mit persönlichen Ereignissen. Wird sie wieder gehört, dann kommen auch Erinnerungen an erlebte Situationen hoch, genauso wie dabei empfundene Gefühle. So reicht ein Weihnachtslied oft aus, um uns in festliche Adventsstimmung zu versetzen, und ein Wanderlied, um uns in Bewegung zu bringen. Musik funktioniert hier wie eine Art Sprache, in der Erinnerungen an bestimmte Ereignisse verschlüsselt sind.

Gut ist, was Ihnen gefällt

Egal, ob Max Raabe, ob Madonna, Bruce Springsteen oder Udo Lindenberg, ob Schlager, Pop, Volkstümliches oder Klassik: Musik, die Sie begeistert, hellt Ihre Stimmung schnell und deutlich fühlbar auf.

Überlegen Sie: Mit welchen Songs können Sie im Handumdrehen gute Laune herbeizaubern? Der einzige Maßstab ist: Es soll Ihnen Freude machen.

»Die Musik drückt das aus, was nicht gesagt werden kann und worüber zu schweigen unmöglich ist.«

VICTOR HUGO

Singen macht Sie fit und wach

Noch deutlicher wird der Gute-Laune-Effekt wirksam, wenn Sie selbst singen oder einfach mit dem Radio oder einer CD mitsingen. Ungezwungen Drauflossingen macht Spaß und schon eine Viertelstunde Gesang beeinflusst Herz und Kreislauf positiv, stärkt die Abwehrkräfte und sorgt für viel Sauerstoff im Organismus. Das passt natürlich auch zu unserer Blitzstrategie Nummer 1 (ab Seite 22). Singen Sie, wann immer Sie Gelegenheit dazu haben und was immer Ihnen in den Sinn kommt – ob Rockmusik, Popsongs, Schlager oder Balladen, ob unter der Dusche, im Auto, im Wald, allein oder zusammen mit anderen. Wenn Ihnen der Text nicht gewärtig ist, ergänzen Sie einfach durch »Lalala« oder ein Summen. Hauptsache, Sie haben Spaß dabei und sind mit Lust bei der Sache.

GLÜCKLICH MIT GESANG

Eine österreichische Studie belegt, dass beim Singen unserer Lieblingslieder durch die Stimulation der Zirbeldrüse vermehrt »Glückshormone« im Gehirn ausgeschüttet werden: Serotonin, Beta-Endorphine und Oxytocin. Diese Botenstoffe bringen uns in eine fröhliche Stimmung und dämpfen gleichzeitig Ängste und das Erleben von Schmerz. Wenn wir gemeinsam mit anderen singen, dann fördert dies die Zuneigung zu diesen Menschen und stärkt die innere Verbundenheit mit ihnen.

VERWÖHNEN SIE IHRE NASE

Nutzen Sie für ein genüssliches Gute-Laune-Coaching die stimulierende Wirkung von Wohlgerüchen und Düften. Was wir riechen, löst Gefühle aus und kann Erinnerungen, Träume und Sehnsüchte wecken. Geruchsimpressionen werden vor allem unbewusst verarbeitet und beeinflussen Stimmung und Wohlbefinden schnell und effektiv. Schon lange finden Duftstoffe in Form ätherischer Öle auch im Wellnessbereich Anwendung, beispielsweise als warme Bäder mit aromatischen Kräuterzusätzen, oder in der Aromatherapie, wo ätherische Öle systematisch eingesetzt werden, um psychische und körperliche Beschwerden zu lindern.

Hüllen Sie sich in Düfte

Die entspannende, stressreduzierende und stimmungsaufhellende Wirkung von Düften wurde bereits in zahlreichen wissenschaftlichen Studien nachgewiesen. Düfte im Raum eignen sich nicht nur gut dafür, Ihrem Zuhause eine persönliche Note zu geben, sondern vermögen es auch, rasch für Wohlbefinden und Hochstimmung zu sorgen.

> *»Der Mensch riecht Riechbares nicht, ohne ein Gefühl des Unangenehmen oder Lustvollen zu empfinden.«*
>
> ARISTOTELES

Die Auswahl ist groß. Als besonders stimmungsaufhellende Aromen gelten Bergamotte, Grapefruit, Jasmin, Lavendel, Limette, Orange, Rosenholz und Vanille. Doch jenseits der aromatischen Wirkung spielen auch ganz individuelle Erinnerungen bei Gerüchen und Düften eine große Rolle.

Erinnerungen in der Nase

Jeder verbindet mit bestimmten Aromen individuelle Vorlieben, mit anderen eher Abneigungen. Obwohl unser Geruchssinn verglichen mit dem eines Hundes äußerst bescheiden ist, so sind wir doch fähig, die Nuancen von weit über tausend Düften auseinanderzuhalten. Manche Gerüche erinnern uns ganz unmittelbar an bestimmte Erlebnisse – stärker als es etwa Sehen oder Hören vermögen.

DUFT UND WOHLGESCHMACK – JAA!

Wissenschaftler vom Institut für Medizinische Psychologie der Universität München haben im Rahmen einer Studie erforscht, warum Sinnesreize, die über Nase und Zunge erfasst werden, direkter auf die Stimmung einwirken als Reize, die wir über die Augen, die Ohren oder auch die Haut aufnehmen.

Sie fanden heraus, dass olfaktorische und gustatorische Reize (Riechen und Schmecken) über Nase und Mund unmittelbar in das limbische System gelenkt werden, das als das Gefühlszentrum unseres Gehirns gilt. Dort lösen sie sofort eine körperliche und seelische Reaktion aus.

Die amerikanische Psychologieprofessorin Rachel Herz hat nachgewiesen, dass der Geruch des Parfüms einer vergangenen Liebe die Erinnerung an diesen Menschen viel intensiver wachruft, als der Anblick dieses speziellen Parfümflacons es schaffen könnte. Wenn Sie als Kind heiße Schokolade als tröstlich und Geborgenheit stiftend erlebt oder in Ihrer Jugend den Geruch von Flieder mit lauschigen Frühsommer–nächten verbunden haben, dann können Sie dies gut dafür nutzen, sich stets neu davon verzaubern zu lassen. Umgeben Sie sich mit Ihren liebsten Düften! Schnuppern Sie gute Laune!

NICHT NUR SCHOKOLADE MACHT GLÜCKLICH

Zwar gilt Schokolade wegen ihres Tryptophans, das die Produktion von Serotonin im Gehirn anregt, als ein zuverlässiger Gute-Laune-Macher. Ebenso wegen des Phenethylamins, das die Lustzentren stimuliert. Ebenso sagt man einer Reihe anderer Lebens- und Genussmittel nach, dass sie die Stimmung heben und glücklich machen: Bananen, Nudeln, überhaupt Kohlenhydratreiches. Doch ebenso wie bei den Düften gilt auch hier, dass es von unseren persönlichen Erfahrungen und Erinnerungen abhängt, welche Speisen positive oder negative Stimmungen auslösen. Und ob wir fähig sind, unser Essen wirklich Bissen für Bissen zu genießen, oder ob wir es gedankenlos nebenher in uns hineinstopfen.

Natürlich werden wir im Alltag kaum je mit einer solchen Intensität ein Brötchen oder etwas anderes essen wie in der Übung unten. Doch es schadet nichts, uns auch bei normalen Mahlzei-

ÜBUNG

BISSEN FÜR BISSEN

Sie brauchen für diese Übung einen Teller mit einem Brötchen und fünf Minuten ungestört Zeit.

► Setzen Sie sich entspannt an den Esstisch. Nehmen Sie das Brötchen und spüren Sie seine Kruste unter den Fingern. Genießen Sie den Geruch, den es ausströmt.

► Legen Sie es wieder vor sich hin und betrachten Sie es. Welche Form, welche Farbnuance hat es? Wie ist seine Oberfläche beschaffen?

► Führen Sie das Brötchen zum Mund und beißen Sie einen kleinen Bissen ab. Legen Sie das Brötchen wieder auf den Teller und konzentrieren Sie sich ganz auf das Stück, das Sie abgebissen haben. Wie fühlt sich der Bissen im Mund an? Betasten Sie ihn mit der Zunge, spüren Sie, wie er in der Mundhöhle liegt, und beginnen Sie dann, langsam zu kauen.

► Beobachten Sie, wie sich der Geschmack mit dem Kauen entfaltet. Kauen Sie langsam und sorgfältig und erleben Sie, wie sich Geschmack und Konsistenz mit der Zeit verändern.

► Nehmen Sie wahr, wie es sich anfühlt, den Bissen zu schlucken. Spüren Sie dem Geschmack noch einige Momente nach, bevor Sie einen weiteren Bissen nehmen.

ten sinnliche Wahrnehmung zuzugestehen und das Essen zu genießen, Bissen für Bissen. Das macht zufrieden und tut auch Magen und Verdauung gut.

STREICHELEINHEITEN FÜR KÖRPER UND SEELE

Ein fester Händedruck, ein zärtliches Streicheln, Kuscheln mit den Kindern, aber auch das Herumtollen mit dem Hund oder das Kraulen der Katze: Berührungen können viel in uns bewegen und uns im Handumdrehen aufmuntern. Hautkontakt ist ungemein wichtig für uns, für Babys sogar lebenswichtig. Von Anfang an ist es für unsere Entwicklung entscheidend, liebevoll gehalten zu werden. Wir brauchen Körperkontakt, um Grundvertrauen ins Leben zu gewinnen. Zärtlichkeit und Hautkontakt geben uns auch als Erwachsenen das Gefühl von Geborgenheit, Sicherheit und Zuneigung.

Das Heilsame an einfühlsamen Berührungen ist offensichtlich: Wer uns umarmt, richtet uns auf – im wörtlichen wie im übertragenen Sinne. Wer uns die Hand drückt, zeigt, dass er uns annimmt. Berührung wirkt stark auf Körper und Seele. Berührt zu werden kann den Pulsschlag senken, Ängste dämpfen und das Immunsystem stärken. Der Spiegel des Stresshormons Kortisol sinkt, dafür wird das »Kuschelhormon« Oxytocin ausgeschüttet. Wir werden lockerer, können Spannungen loslassen.

LIEBEVOLLE PAUSEN VOM ALLTAG

Überlegen Sie, wie Sie diesen schönen Augenblicken des Berührens und Berührt-Werdens mehr Raum in Ihrem Alltag geben können. Denken Sie dabei ruhig auch an Massagen, Shiatsu oder andere Formen der Stimulierung von Haut und Muskulatur. Probieren Sie aus, was Ihnen am besten hilft, loszulassen und sich geborgen zu fühlen.

Warmes Wasser auf der Haut

Duschen kann weit mehr sein als ein bloßes Mittel der Körperpflege. Wie Psychologen der Universität Wien belegen, ist Duschen auch eine sehr wirksame Gute-Laune-Blitzstrategie. Das strömende Wasser vermag zugleich zu beruhigen und zu vitalisieren. Damit wird im Gehirn die Ausschüttung von Wohlfühlhormonen stimuliert. Diese Wirkung können Sie zusätzlich unterstützen, indem Sie ein wohlriechendes Duschgel benutzen.

Duschen am Morgen macht wach und fit, die Dusche nach einem stressreichen Arbeitstag beruhigt und entspannt. Noch mehr, wenn Sie sie so bewusst genießen wie in der nebenstehenden Übung: Gute-Laune-Dusche.

LASSEN SIE ES WIRKEN

Nun haben Sie eine ganze Palette kleiner und größerer Gute-Laune-Macher kennengelernt, mit deren Hilfe Sie eine momentane Delle in der Stimmung rasch in Wohlbefinden umwandeln können. Diese Blitzstrategien fürs Gemüt können bewirken, dass Sie häufiger gut drauf sind als bisher. Nutzen Sie sie!

ÜBUNG

GUTE-LAUNE-DUSCHE

▸ Stellen Sie sich unter die Dusche und genießen Sie bewusst, wie der Wasserstrahl auf die Haut auftrifft und sie prickeln lässt. So fühlt es sich an, wenn Ihr ganzer Körper in wohltuende Wärme gehüllt ist und sich all seine Muskeln mehr und mehr entspannen.

▸ Verbinden Sie das strömende Wasser mit der Vorstellung, Belastendes loszulassen. Stellen Sie sich vor, wie mit jedem Ausatmen Stressendes mit dem Wasser im Ausguss davonstrudelt. Gerade wenn Sie tagsüber viel zu erledigen hatten, können Sie mithilfe einer warmen Fünf-Minuten-Dusche den Stress wegspülen und wieder in Ihre Balance kommen.

▸ Seifen Sie sich dann in Ruhe ein und lassen Sie den Duft des Gels in Ihre Nase strömen.

ZEHN
LANGFRIST-STRATEGIEN

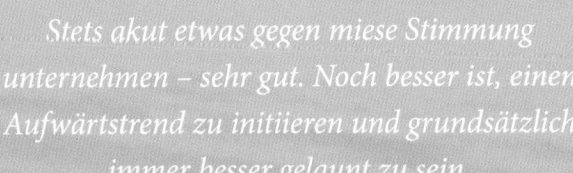

*Stets akut etwas gegen miese Stimmung
unternehmen – sehr gut. Noch besser ist, einen
Aufwärtstrend zu initiieren und grundsätzlich
immer besser gelaunt zu sein.*

DER GUTEN LAUNE EIN ZUHAUSE GEBEN

Wäre es nicht schön, emotionale Verhaltensmuster auch dauerhaft ändern und sich den Wechselfällen des Lebens gegenüber mit mehr Gleichmut und Gelassenheit behaupten zu können? Zahlreiche wissenschaftliche Studien belegen, dass sich die Gute-Laune-Fähigkeit trainieren lässt. Dass dies machbar ist, hat auch die amerikanische Psychologin Barbara Fredrickson durch eine Reihe entsprechender Experimente untermauert. Mit zunehmendem Alter wird es zwar etwas schwieriger, emotionale Verhaltensmuster und eingefleischte Gewohnheiten zu verändern, doch es ist immer möglich.

DREIMAL MEHR GLÜCK

Nach umfangreichen Studien von Barbara Fredrickson und anderen Wissenschaftlern bewirkt ein bestimmtes Verhältnis von positiven Gefühlen (wie Freude, Liebe oder Heiterkeit) zu negativen Gefühlen (wie Ärger, Zorn oder Niedergeschlagenheit), dass wir langfristig innerlich gefasster, gelassener und optimistischer werden. Ihre Faustregel dabei lautet 3:1 – wer auf Dauer betrachtet mindestens dreimal mehr positive als negative Gefühle hat, vermag sein Gemüt nachhaltig aufzuhellen. Gelegenheiten, um das 3:1 zu erreichen, gibt es jeden Tag unzählige. Streuen Sie viele der Gute-Laune-Blitzstrategien in Ihren Alltag ein, sodass sich Ihre Grundstimmungslage mehr und mehr aufhellt – dass Sie Zuversicht spüren, wo vorher Mutlosigkeit zu Hause war, dass Sie gelassen bleiben, wo Sie vorher mit Verärgerung reagierten, dass Sie lachen können, wo Sie vorher eine verkniffene Miene aufsetzten. Probieren Sie's aus: Dreimal mehr positive als negative Gefühle zu haben verändert Ihre Haltung dem Leben gegenüber, und zwar nachhaltig.

IHR HIRN LERNT LEBENSLANG

Wie so vieles im Leben hängt es von unserer Ausdauer, vom Dranbleiben ab, wie erfolgreich wir sind. Auch beim Gute-Laune-Training. Die neuronale Plastizität im Gehirn bewirkt, dass neue Nervenzellen wachsen können, neue Verbindungen zwischen den Neuronen aufgebaut und bestehende Verbindungen gestärkt werden können. Schlechte Erfahrungen und Defizite, die Sie in der Kindheit oder Jugend erlitten haben, sind also nicht für alle Ewigkeit fixiert, sondern können durch ausreichend optimistische, konstruktive, lösungsorientierte Gedanken und die damit verbundenen Gefühle »überschrieben« werden. Ebenso können schädliche durch förderliche Gewohnheiten ersetzt werden.

GUTE-LAUNE-PROFI WERDEN

Genau darum geht in diesem Kapitel des »Gute-Laune-Coaches«. Sie lernen längerfristig wirksame Möglichkeiten kennen, die es Ihnen erleichtern, sich wohlzufühlen, gute Laune zu haben und Glücksgefühle zu verspüren. Immer öfter und immer intensiver.

IHR PROFIT

Mit den folgenden zehn Langfrist-Strategien lernen Sie unter anderem,

- was dazu beiträgt, eine Basis für gute Stimmung zu schaffen und was Ernährung und Sport mit der Laune zu tun haben.
- warum es sich lohnt, den Blick auf das Positive zu richten und warum Ihre Überzeugungen über sich selbst und über die Welt so eng mit Ihrer Stimmung zusammenhängen.
- was Sie sich von grundlegend optimistischen Menschen in puncto guter Laune abschauen können.
- wie wichtig es ist, mit welchen Menschen Sie sich umgeben.
- wie Sie Ihre mentale Flexibilität trainieren können.
- wie Ihnen paradoxe Fragestellungen weiterhelfen.
- wie Sie Ärger und Wut so einsetzen, dass kein Porzellan zerschlagen wird.
- warum es wichtig für Ihre Stimmung ist, für Abwechslung zu sorgen.
- wie Sie das Wirkprinzip vom Säen und vom Ernten gezielt für sich einsetzen können.

EINE GUTE BASIS SCHAFFEN

Im Prinzip wissen wir ja, dass eine gesunde Lebensweise dabei unterstützt, lange fit zu bleiben und das Wohlbefinden zu stärken. Und wir wissen auch, was darunter zu verstehen ist: guter Schlaf, genügend Pausen und Entspannung im Alltag, eine vitamin-, nährstoff- und ballaststoffreiche Ernährung, keine Genussgifte, viel Bewegung.

SCHLAFEN SIE SICH FROH

Wenn es uns körperlich gut geht, wir ausgeruht sind und uns keine Zipperlein plagen, sind die Voraussetzungen dafür, gut drauf zu sein, natürlich viel größer, als wenn wir uns mit Müdigkeit, Verspannungen oder gar körperlichen Schmerzen herumplagen. Wir sind gut gelaunt, wenn wir genügend Energie spüren und nicht übermäßig angespannt sind. Fühlen wir uns hingegen kraftlos, werden wir reizbar und verdrossen. Die Anspannung steigt.
Schlaf ist dabei entscheidend. Er lässt uns gesund bleiben, stärkt das Denkvermögen und hält sogar schlank. Zu schlafen ist ein Grundbedürfnis, für dessen Befriedigung wir ebenso gut sorgen sollten wie für das Essen und Trinken. Immunsystem und Verdauung, Herz und Kreislauf, Gehirn und Nervensystem brauchen ausreichend Schlaf, um sich zu regenerieren. Besonders wichtig ist der Schlaf für das Lernen und Erinnern – und auch für unsere Stimmung macht es einen deutlichen Unterschied, ob wir unausgeschlafen oder ausgeruht sind. Dabei sind die ersten zwei, drei Stunden des Schlafs die erholsamsten, da wir uns dann vor allem in der Tiefschlafphase befinden.

Jedes Minus zehrt

Bekommen wir zu wenig Schlaf, spüren wir die Folgen meist umgehend. Wer sich hingegen eines guten und tiefen Schlafes erfreut, der startet erholt und erfrischt in den Tag. Aber manchmal will es eben nicht so recht klappen mit dem Einschlafen, vor allem dann nicht, wenn wir mit den Gedanken nicht zur Ruhe kommen. Vielleicht ist auch nicht das Einschlafen das Problem, sondern das Durchschlafen – statt uns mit ange-

HELFERLEIN FÜR ERHOLSAMEN SCHLAF

▸ Schaffen Sie sich ein Zubettgehritual, das jeden Tag gleich abläuft: Vielleicht erst ein Gang durch die Wohnung, dann waschen und Zähne putzen, hinlegen und den Körper von Kopf bis Fuß lockern und entspannen.

▸ Ebenso gut ist ein regelmäßiger Schlaf-Wach-Rhythmus: Immer zu ähnlichen Zeiten zu Bett gehen und aufstehen – auch am Wochenende –, damit der Körper diesen Rhythmus gewohnheitsmäßig verinnerlicht.

▸ Das Bett sollte bequem sein, die Matratze zu Ihnen passen, das Schlafzimmer kühl und möglichst dunkel. Vor dem Zubettgehen gut durchlüften, damit für ausreichend Sauerstoff gesorgt ist. Ideal ist eine Raumtemperatur zwischen 16 und 18 Grad.

▸ Verzichten Sie abends auf fettreiche und schwer verdauliche Mahlzeiten. Essen Sie generell nicht mehr nach 20 Uhr. Anregende Getränke wie Kaffee, schwarzen oder grünen Tee, aber auch größere Mengen Alkohol meiden.

▸ Bewegung kann dabei unterstützen, richtig müde zu werden, anstrengender Sport jedoch nicht, denn dadurch wird die Stoffwechseltätigkeit angeregt und dies hindert den Körper daran, zur Ruhe zu finden.

nehmen Träumen zu entspannen, wachen wir mitten in der Nacht auf und wälzen uns unruhig hin und her, grübeln, machen uns Sorgen und steigern uns zunehmend in einen Alarmzustand hinein. Und genau der erschwert uns infolge der ausgeschütteten Stresshormone das Einschlafen noch weiter. Hier kann zunächst die Gedankenstopp-Technik hilfreich sein (Seite 37), mit deren Hilfe Sie sich angewöhnen, Beunruhigendes vor der Schlafzimmertür zu lassen. Doch es gibt noch weitere Hilfsmittel, mit denen Sie besser loslassen und ins Traumland hinübergleiten können – kleine wertvolle Helferlein.

Was Sie entspannt

Ist im Alltag das Verhältnis von Belastung zu Erholung ausgewogen, fühlen wir uns wohl in unserer Haut. Wir brauchen Phasen der Anspannung und Aktivität ebenso wie Phasen des Loslassens und der Entspannung. Wer regelmäßig eine Entspannungsmethode anwendet, wird allerdings mit Stress und Belastung besser fertig und tut sich leichter, eine heitere Gelassenheit in sich zu kultivieren.

Es gibt viele Wege zu Entspannung und Erholung. Methoden wie Autogenes Training, Progressive Muskelentspannung, Qi Gong, Feldenkrais oder Yoga helfen dabei, nach einer Phase der Hektik und vielfältigen Belastung in die innere Mitte zurückzufinden.

»Vielleicht werden wir in Zukunft psychiatrische Probleme nicht mehr nur im Gehirn, sondern auch im Verdauungstrakt behandeln.«

PROF. EMERAN MAYER

Finden Sie Ihren Weg

Wer es lernt, Anspannung im Körper gezielt loszulassen und einen Abstand zu Gedanken und Geschehnissen zu schaffen, stärkt seine innere Ruhe nachhaltig. Keine Methode dafür ist an sich »besser« oder »schlechter« als die andere, sondern es hängt von Ihren persönlichen Vorlieben ab, wobei Sie sich am wohlsten fühlen und was bei Ihnen besonders gut wirkt.

Probieren Sie einfach unterschiedliche Möglichkeiten aus, um herauszufinden, was Ihnen hilft, eine anhaltende Erholungs- und Regenerationswirkung für Körper, Geist und Seele herbeizuführen. Wer sich gut entspannen kann, dem läuft auch nicht so leicht eine Laus über die Leber.

GEBEN SIE DEM KÖRPER, WAS ER BRAUCHT

Kleine Genusshäppchen im Alltag bewusst zu genießen (ab Seite 50), hilft dabei, rasch eine miese Stimmung aufzuhellen. Das ist durchaus wörtlich gemeint: Eine Kugel unserer Lieblingseiscreme, ein Latte macchiato, ein saftiger Apfel oder leckeres Sushi können unser Gute-Laune-Barometer mehrere Grade nach oben steigen lassen. In Bezug auf unsere Stimmung ist jedoch etwas anderes mindestens genauso wichtig: dass unser Organismus alles bekommt, was er braucht. Kaum etwas ist wichtiger für eine stabile Gesundheit als eine ausgewogene Ernährung mit viel frischem Obst und Gemüse, Vollkornprodukten, Hülsenfrüchten, nur wenig Fleisch und fettarmen Milchprodukten. Dies erhält unsere Lebensfunktionen und stärkt das Immunsystem. Die Art und Weise, wie wir uns ernähren, beeinflusst dabei keinesfalls nur den Körper, sondern auch die Psyche.

IST HOCHSTIMMUNG ESSBAR?

Forscher wissen heute, dass es Stoffe in Lebensmitteln gibt, die unmittelbar auf das Gehirn einwirken. Aus dem Magen-Darm-Trakt, der mit einem hochkomplexen Nervengeflecht versehen ist, dem »Bauchhirn«, werden zudem Signale direkt in die Gefühlszentren des Gehirns gesandt. Das Immunsystem, das auf Stoffe in der Nahrung ziemlich rasch reagiert, kann je nachdem, was wir essen, die Stimmung dämpfen – oder den gegenteiligen Effekt hervorrufen. Und auch Bakterien, die im Darm an der Verwertung der aufgenommenen Nahrung beteiligt sind, können für gute oder schlechte Laune mitverantwortlich sein.

Das Was – und das Wie

Studien zeigen, dass bestimmte Ernährungsmuster Einfluss auf psychische Probleme nehmen können. Demnach haben Menschen, die vorwiegend frisches Obst und Gemüse, Fisch und Vollkornprodukte essen, ein geringeres Risiko, an einer Depression zu erkranken als jene, die Fertigprodukte, Frittiertes, Weißmehlprodukte und Süßes bevorzugen. Was als gesund für den Körper gilt, scheint auch gesund für Geist und Seele zu sein. Vollkorn beispielsweise enthält viel Tryptophan, einen Vorläufer des »Glückshormons« Serotonin. Auch sehr gut: Hirsegerichte. Hirse hellt dank ihrer Vielfalt an Vitalstoffen die Stimmung auf.

Doch nicht nur die Inhaltsstoffe spielen eine Rolle dabei, ob Essen unser Wohlbefinden stärkt oder schwächt, sondern natürlich auch die Zubereitung und die Art und Weise, wie wir essen. Eine delikat angerichtete Mahlzeit ist ein echter Hochgenuss und löst spürbar positive Gefühle aus. Dies können wir noch unterstützen, indem wir uns Zeit zum Essen nehmen (siehe Seite 51).

Liebe geht durch den Magen

Die Bedeutung des Essens geht weit über die körperliche Sättigung und die Versorgung mit Nährstoffen hinaus. Gemeinsame Mahlzeiten mit der Familie oder mit Freunden entspannen und stärken das Zugehörigkeitsgefühl. Im Gespräch lässt sich leichter Abstand zum Arbeitsalltag schaffen. Allein die Vorfreude auf ein gemütliches Abendessen bei liebevoll gedecktem Tisch wird Ihre Stimmung heben.

ÜBUNG

SCHÖN ESSEN

●

Eine angenehme Tischatmosphäre schaffen ist einfach. Ein liebevoll gedeckter Tisch, gutes Geschirr, Blumenschmuck und Kerzen: Mehr braucht es nicht für ein stimmungsvolles Ambiente. Richten Sie die Speisen dekorativ an, garnieren Sie mit Gewürzen und Kräutern. Das Auge isst mit.

AUSPOWERN GIBT NEUE POWER

Stress, Ärger und schlechter Laune können Sie bestens davonlaufen, davonwalken, davonschwimmen oder davontanzen. Die Gründe für die Hochstimmung, die Bewegung auslöst, sind heute bestens erforscht. Wenn wir uns körperlich verausgaben, animiert das unser Gehirn dazu, vermehrt Glückshormone auszuschütten. Wer seine Ausdauer regelmäßig trainiert, trainiert auch sein Gehirn und verschafft sich zudem ein stabiles Stimmungshoch. Dies haben Forscher der Universitätsklinik Ulm im Rahmen einer wissenschaftlichen Studie herausgefunden.

Ganz wichtig dabei: Sportliche Aktivität soll Spaß machen, denn wenn Sie sich mit einer Haltung des »Ich muss ...« antreiben, ist das eher ein Stimmungskiller. Überlegen Sie also, was Ihnen gefallen könnte. Beziehen Sie dabei auch mit ein, was Ihnen früher mal Spaß gemacht hat, denn oft kann man an vergangene Erfahrungen anknüpfen.

WAREN SIE LÄNGER FAUL?

Der (Wieder-)Einstieg in ein sportlich bewegteres Leben fällt leichter, wenn Sie mit anderen zusammen aktiv werden. Gehen Sie einfach mal mit zum Joggen, zum Energy Dance oder Zumba. Nebenbei stärkt die Aktivität in der Gruppe das Gemeinschaftsgefühl und hilft, bei der Stange zu bleiben. Wenn Sie mit Sport so gar nichts am Hut haben, ist vielleicht Tanzen das Richtige für Sie. Neben Körpertraining und Geselligkeit kommt hier ein weiterer Stimmungsaufheller ins Spiel: Musik. Sie werden sehen: Bald möchten Sie die körperliche Aktivität gar nicht mehr aus Ihrem Alltag wegdenken. Sie ist zu einem selbstverständlichen Teil Ihres Lebens geworden. Und sie macht Sie nachhaltig gut gelaunt!

GUTE-LAUNE-ANKER INSTALLIEREN

Alles, was wir erleben, wird stets zusammen mit den Sinnesreizen und den Gefühlen, die wir in dieser Situation haben, in der Erinnerung verankert. Sobald ein Element aus dieser Situation aktuell wieder auftaucht, erinnern wir uns an das, was damals geschehen ist. Das Phänomen funktioniert im Positiven wie im Negativen.

Der Geruch von frisch geschnittenem Gras etwa ruft uns innere Bilder an einen besonders glücklichen Sommer ins Bewusstsein. Der Song, der gerade im Radio gespielt wird, erinnert an eine verflossene Beziehung. Die Fransenjacke, die auf einmal wieder in Mode kommt, an heiße Nächte in der Disco. Dieses Reiz-Reaktions-Muster können Sie sich für das Gute-Laune-Training sogar gleich in zweierlei Hinsicht zunutze machen: Sie misten aus und Sie legen positive Anker.

WAS STÖRT, FLIEGT RAUS!

Es ist nicht egal, worauf unser Blick fällt. Verbannen Sie daher aus Ihrer Umgebung alle negativen Anker, also all die Sachen, die Gefühle von Ärger, Zorn, Überforderung, Hilflosigkeit oder Groll in Ihnen hervorrufen. Beispielsweise hohe Stapel von irgendwelchen Unterlagen, mit denen Sie sich »eigentlich irgendwann« einmal beschäftigen sollten; Zeitschriften, die Sie sich Woche um Woche vorgenommen haben, endlich zu lesen; Dinge, die unpraktisch sind und bei deren Anblick Sie sich jedes Mal ärgern; Wandschmuck vielleicht, den Ihnen jemand geschenkt hat, der Sie aber an üble alte Geschichten erinnert. Inspizieren Sie Ihre Wohnung und Ihren Arbeitsplatz und finden Sie Lösungen für solche Baustellen, damit sie Ihnen nicht täglich neu einige ungute Assoziationen und Erinnerungen bescheren.

» Wer so lebt, dass er mit Vergnügen auf sein vergangenes Leben zurückblicken kann, lebt zweimal.«

MARTIAL

GUTE-LAUNE-FIXPUNKTE

●

Nehmen Sie sich etwas Zeit und sorgen Sie dafür, dass Sie ungestört sind. Machen Sie es sich gemütlich und kramen Sie in Ihren Erinnerungen.

▸ Gab es da irgendwann einmal eine Situation, in der Sie besonders guter Stimmung waren und erlebten, dass Ihnen alles total leicht von der Hand ging? Oder wo Sie sich über etwas sehr gefreut haben? Oder wo Sie sich an einem Ort besonders wohlgefühlt haben? Finden Sie etwas, wo Sie bei der Erinnerung ganz unwillkürlich lächeln müssen.

▸ Lassen Sie mehrere dieser Erinnerungen vor Ihrem inneren Auge Revue passieren und wählen Sie dann eine davon aus. Tauchen Sie in diese Erfahrung tiefer ein.

▸ Gibt es etwas, was Sie unmittelbar an diesen Tag, an diesen Ort, an diese Situation erinnert? Vielleicht eine Postkarte, ein Foto, ein Symbol, ein kleiner Gegenstand … Es könnte auch etwas sein, was Sie selbst jetzt malen oder gestalten können. Holen Sie den Erinnerungsgegenstand hervor oder lassen Sie Ihre Kreativität wirksam werden, um ein solches Objekt entstehen zu lassen.

▸ Betrachten Sie dann das, was sinnbildlich für diese schönen Momente steht, und erinnern Sie sich noch einmal an die Situation. Wie fühlt sich das an? Wie erleben Sie es?

▸ Geben Sie Ihrem persönlichen Symbol nun einen schönen Platz in der Wohnung oder am Arbeitsplatz, sodass Ihr Blick häufig darauf fallen kann. So werden Sie ganz unwillkürlich an diesen Moment des Wohlgefühls erinnert und können sich immer wieder daran erfreuen. Die gute Stimmung wächst kontinuierlich mit.

»ENT-ZETTELN« STATT VERZETTELN

Der erste Schritt lautet ganz eindeutig: Machen Sie klar Schiff! Nehmen Sie sich etwas Zeit und räumen Sie auf. Bringen Sie Liegengebliebenes dorthin zurück, wo es hingehört, mustern Sie aus, was Sie nicht (mehr) wirklich brauchen, und schaffen Sie freie Ablageflächen. Dies gibt Ihnen das wohltuende Gefühl, etwas geleistet zu haben, und Sie haben wieder Raum, den Sie neu gestalten können.

Reichern Sie dann in einem zweiten Schritt Ihre Umgebung ganz bewusst mit Gute-Laune-Ankern an, mit Dingen, die schöne Erinnerungen auslösen, die Sie gern betrachten, die Ihnen positive Gefühle vermitteln wie Freude, Zuversicht, Liebe, Hingezogenheit … Oder die Ihnen ein Lachen entlocken. Die Übung auf der vorangegangenen Seite unterstützt Sie dabei.

Umgeben Sie sich mit möglichst vielen persönlichen Gute-Laune-Ankern und machen Sie so Ihre Umgebung zu einem Ort des Wohlgefühls. Nicht nur visuelle Symbole sind geeignet, eine aufbauende Atmosphäre zu schaffen und die entsprechenden Impulse zu geben, sondern auch Düfte, Musik oder Dinge, die Sie gern berühren.

SEIEN SIE GUTE-LAUNE-ANKER-SAMMLER

Halten Sie auf Ihrer nächsten Reise gezielt Ausschau nach einem besonders schönen persönlichen Souvenir: ein betörendes Foto, das die Atmosphäre Ihres Urlaubsorts einfängt, ein Gläschen Sand vom Traumstrand, eine bizarre Wurzel, eine Muschel oder einfach nur eine schöne Postkarte. Stellen Sie dieses Souvenir später an Ihrem Arbeitsplatz auf und lassen Sie sich jedes Mal, wenn Sie es betrachten, an die glücklichen Momente der Ferienzeit erinnern. Das hebt Ihre Stimmung ganz unmittelbar.

ÜBUNG

WOHLFÜHLZEIT AM WOHLFÜHLORT

▸ Schaffen Sie sich in Ihrer Wohnung oder Ihrem Haus einen Wohlfühlort mit einer behaglich schönen Ausstrahlung. Es sollte ein Ort sein, an dem Sie auch mal ganz für sich sein können. Setzen Sie dabei jene Anker ein, von denen Sie wissen, dass sie Ihr Wohlbefinden stärken: Bilder oder Gegenstände, die Sie gern betrachten, vielleicht eine schöne Kerze oder eine ansprechende Wanddekoration.

▸ Richten Sie sich hier jeden Tag eine kurze Wohlfühlzeit ein, etwa eine Viertelstunde. Sie können sich einfach nur bequem hinsetzen und entspannen, Sie können ein paar Yogaübungen machen oder eine Atemmeditation, Sie können etwas Inspirierendes lesen, etwas zeichnen oder malen, ein Gedicht schreiben, Ihren Lieblingssong hören oder ein Fußbad nehmen, was immer Ihnen guttut.

▸ Diese Wohlfühlmomente sollten Sie täglich zur gleichen Zeit einplanen. Wählen Sie eine Aktivität aus, die Ihnen Freude macht. Probieren Sie mehrere Möglichkeiten aus, wie Sie diese kleine Auszeit so verwenden können, dass Sie sich anschließend erfrischt fühlen und Ihre Stimmung sich merklich gehoben hat.

▸ Behalten Sie die Wohlfühl-Viertelstunde während der nächsten vier Wochen auf diese Weise bei. Sollten Sie an einem Tag nicht dazu kommen, dann steigen Sie einfach am Tag darauf wieder ein. Ziehen Sie nach den vier Wochen ein Resümee. Was hat sich verändert? Wenn Ihnen diese Veränderungen in Ihrer Aufmerksamkeit und Ihrem Befinden gefallen, behalten Sie die Übung bei und machen sie zu einem selbstverständlichen Bestandteil Ihres Alltags.

GUT GELAUNTE MENSCHEN SUCHEN

Natürlich hat jeder Mensch das Recht, so zu sein, wie er ist – mit allen Stärken und Vorzügen, mit allen Ecken und Kanten. Die Eigenheiten anderer zu akzeptieren, ist eine Sache. Aber sich bewusst zu entscheiden, mit wem wir zu tun haben wollen und mit wem lieber nicht, das ist die andere.

VORSICHT VOR ENERGIERÄUBERN!

Manche Menschen erleben wir als anstrengend. Das sind vor allem solche,

- die sich stur und dogmatisch verhalten und meinen, sie müssten anderen ihr persönliches Weltbild als »das einzig wahre« aufnötigen.
- die jammern und klagen, dabei ungefragt vor anderen ihre Probleme ausbreiten und deren Geduld und Zuvorkommenheit ausnutzen.
- die sich selbst in den Mittelpunkt rücken, alle Aufmerksamkeit für sich fordern und andere allenfalls als Statisten betrachten.
- die nörgeln, rasch mit destruktiver Kritik bei der Hand sind und an allem etwas auszusetzen haben.

Solche Zeitgenossen kosten uns viel Zeit und Energie – ohne dass sie etwas

MIESMACHER MEIDEN

Achten Sie darauf, zu Energievampiren emotional Abstand zu wahren. Betrachten Sie am besten das, was sie sagen und tun, aus der Sicht eines unbeteiligten Dritten. Sagen Sie sich, dass dies der Film des anderen ist und Sie darin nicht wirklich eine Rolle spielen – sofern Sie sich nicht dafür entscheiden, seine Sache zu Ihrer zu machen, und sich nicht nach und nach von ihm vereinnahmen lassen.

AUS GEWOHNHEIT NEGATIV

Wenn wir unser Gehirn durch stetige Wiederholung darauf trainiert haben, bei allem vorrangig die Fehler und Schwachstellen ausfindig zu machen, wird das zum Selbstläufer. Unser System wird sich automatisch genau auf das Haar in der Suppe fokussieren und dabei positive Aspekte vernachlässigen. Schließlich hat das Gedächtnis in diesem Fall eine ganze Reihe dazu passende negative Vorerfahrungen vorrätig, die in entsprechenden Situationen schnell aufgerufen werden. Gleichzeitig wird all das ausgesondert, was nicht zur gewohnten Interpretation passt.

Deswegen speichern pessimistisch eingestellte Menschen vor allem Ärgernisse und Misserfolge, während optimistisch eingestellte primär Erfreuliches und Erfolge im Gedächtnis behalten. Wir bedienen uns bei der Bewertung eines aktuellen Geschehens also aus dem, was wir an Erfahrungen gespeichert haben. So ärgern wir uns beispielsweise automatisch über einen Langsamfahrer auf der Landstraße, auch dann, wenn wir es gar nicht eilig haben. Oder wir schalten bei der Begegnung mit einem bestimmten Nachbarn blitzschnell auf Vorsicht.

Positives zurückgeben. Tja, was tun? Schließlich können Sie, wenn Sie es mit einem rechthaberischen Kunden zu tun haben oder ein Kollege Tag für Tag über dies, das und jenes jammert, nicht einfach davonrennen. Also wählen Sie vielleicht diese Option: Sie ergeben sich in Ihr Schicksal, stehen zur Verfügung – und schon rauscht die eigene Stimmung in den Keller. Nach dem Kontakt mit anstrengenden Menschen fühlen Sie sich ausgelaugt und gereizt.

Schlecht drauf zu sein steckt an – für Gut-drauf-Sein gilt aber das gleiche. Auch Fröhlichkeit ist ansteckend. Genau das sollten Sie nutzen und sich nicht das Zepter aus der Hand nehmen lassen. Es ist schließlich Ihr Leben!

Nur gute Laune lockt gute Laune an

Bedenken Sie: Zeit lässt sich nur einmal »ausgeben«. Die Zeit, die Sie damit verbringen, Blitzableiter für einen übellaunigen Miesmacher zu spielen, können Sie schon nicht mehr mit einem sympathischen und humorvollen Kollegen oder einer lieben Freundin teilen. Damit berauben Sie sich schöner Erlebnisse. Deshalb sollten Sie, wann immer Sie die Wahl haben, ganz bewusst die Gesellschaft gut gelaunter, optimistischer Menschen vorziehen.

Überlegen Sie, auf welche Weise Sie Kontakte, die bei Ihnen negative Emotionen hervorrufen, im Sande verlaufen lassen oder so weit wie möglich einschränken können. So lösen Sie sich von unangenehmen Erfahrungen und gewinnen Freiraum für schöne und aufbauende Begegnungen.

JAMMERN MAL GANZ ANDERS

Auch bei einem Gute-Laune-Coaching geht es nicht darum, dass wir fortan immer gut drauf sein müssen. Manchmal ist uns einfach nach Jammern zumute, auch wenn wir wissen, dass dies nicht dazu beiträgt, die Probleme, die uns gerade beschäftigen, zu lösen. Probieren Sie in diesen Situationen, wo Ihnen danach ist, sich zu beklagen und die Welt für einen elenden und niederträchtigen Ort zu erklären, einmal etwas Besonderes aus. Der amerikanische Pfarrer Will Bowen schlug es seinerzeit seiner Gemeinde vor.

Die Sache mit dem Armband

Bowen erfand eine Art Spiel, indem er den Leuten kleine, lilafarbene Armbänder mitbrachte und sie bat, diese an das rechte oder linke Handgelenk zu binden. Dann forderte er sie auf, jedes Mal, wenn ihnen bewusst wird, dass sie gerade jammern oder über andere lästern, das Armband abzunehmen und an das andere Handgelenk zu binden. Er gab die Anregung, dies so lange zu machen, bis das Armband drei Wochen lang nicht gewechselt werden musste.

Ein anspruchsvolles Vorhaben!

Viele Mitglieder seiner Gemeinde ließen sich auf dieses Spiel ein. Sie berichteten nach einigen Monaten, optimistischer und glücklicher als zuvor zu sein, mehr Freude am Leben zu haben, dass die Beziehungen zu ihrer Familie und ihren Freunden sich verbessert hatten und dass sie sich viel gesünder fühlten als zuvor. Und das alles, weil sie sich durch die Achtsamkeit nach einer Weile insgesamt weniger beklagten.

LASSEN SIE SICH VON GUTER LAUNE »INFIZIEREN«

Pflegen Sie Ihre Kontakte zu Menschen, an denen Ihnen viel liegt, von denen Sie selbst gemocht und geschätzt werden und in deren Gesellschaft Sie sich wohlfühlen. Und auch dann, wenn Ihnen mal nicht zum Lachen zumute ist: Wenden Sie sich lieber an einen Freund oder Kollegen, der gut drauf ist und Ihnen Zuversicht vermitteln kann, als dass Sie mit anderen mies Gestimmten in Kla-

MACHEN SIE DEN ARMBANDTEST

Egal, was für ein Armband Sie wählen – ob es lila, hellgrün oder gelb ist, ob es aus Metall, Baumwolle oder Plastik gefertigt ist: Es ist ein Instrument, das Sie dabei unterstützt, sich der eigenen negativen Denkmuster bewusst zu werden und sie zu unterbrechen. Wichtig ist: Wenn Sie sich beim Jammern ertappen, dann verurteilen Sie sich nicht selbst, sondern binden Sie einfach nur das Band ans andere Handgelenk.

Ziehen Sie nach einiger Zeit ein persönliches Resümee. Es müssen nicht drei Wochen sein, eine Woche, ohne das Armband zu wechseln, ist auch schon ein toller Erfolg. Fragen Sie sich nach so einer Zeit, was sich verändert hat – in Ihrem Leben, in Ihrem Denken und Empfinden, in Ihren Entscheidungen, in Ihren Beziehungen zu anderen Menschen.

getiraden ausbrechen. Denn dabei würde ganz sicher nur eines passieren: Sie würden sich damit gegenseitig immer weiter herunterziehen.

Schon unsere Ur-Ur-Ahnen hatten die Anlage dazu, den körpersprachlichen Ausdruck ihres Gegenübers zu spiegeln, also Haltung, Mimik und Gestik und auch die damit verbundenen Gemütsregungen ganz unwillkürlich nachzuahmen. Über Jahrhunderte hinweg wurde diese Fähigkeit immer weiter verfeinert. Dafür verantwortlich sind die Spiegelneuronen. Je nachdem, welcher Reiz wahrgenommen wird – beispielsweise Gestikulieren, eine veränderte Tonlage der Stimme, ein Lächeln, ein Stirnrunzeln –, verarbeiten und »beantworten« sie die entsprechenden Informationen in den unterschiedlichen Hirnarealen und lösen ein »Mitreaktionsprogramm« aus.

> »Nichts in der Welt ist so
>   ansteckend wie Lachen
> und gute Laune.«
>
> CHARLES DICKENS

Positiv gestimmte Freunde – besser geht es nicht

Öfter als es uns bewusst ist, haben wir die Wahl, welchen Einflüssen wir uns aussetzen. Zeit, die wir dafür verwenden, uns bedrückenden, auslaugenden Kontakten auszusetzen, verbringen wir nicht mit den Menschen, in deren Gegenwart wir uns unbeschwert und lebendig fühlen. Im Zusammensein mit Menschen, die uns guttun und denen wir vertrauen, können wir ganz wir selbst sein, über Dinge reden, die uns wichtig sind, und uns über Erlebtes, Erinnertes und Vorgestelltes austauschen. Gute Freunde, nette Kollegen, verständnisvolle Familienmitglieder – gut funktionierende soziale Netze geben Sicherheit und erfüllen auch das Bedürfnis nach Zugehörigkeit. Wie eine Studie britischer Wissenschaftler darlegt, sinkt sogar das Risiko, an einer Depression zu erkranken, wenn man von genügend optimistisch gestimmten und lösungsorientiert denkenden Freunden umgeben ist. Wer häufiger deprimiert ist, kann sich der Untersuchung zufolge im Zusammensein mit froh gestimmten Freunden besser erholen.

ÜBUNG

WER TUT IHNEN GUT?

●

▸ Lassen Sie die Menschen, mit denen Sie häufig zu tun haben – im näheren Umfeld, im Job, in der Freizeit –, vor Ihrem inneren Auge Revue passieren. Schreiben Sie die Namen untereinander auf und lassen Sie rechts Platz für Notizen.

▸ Überlegen Sie, wer Ihr Leben bereichert. Fragen Sie sich: Mit wem bin ich gern zusammen? Und von wem habe ich den Eindruck, dass er auch gern mit mir zusammen ist? Wer bringt mich zum Lachen und bewirkt, dass ich Abstand zu alltäglichen Problemen und Konflikten finde? Bei wem fühle ich mich verstanden, geschätzt und akzeptiert? Mit wem wäre ich gern häufiger zusammen?

▸ Fragen Sie auf der anderen Seite auch: Welcher Kontakt strengt mich häufig oder immer an? Von wem fühle ich mich oftmals unverstanden und abgelehnt? Bei wem habe ich den Eindruck, dass jede Begegnung mit einem Missklang endet? Welches ist ein reiner »Pflichtkontakt«?

▸ Ebenfalls nachdenkenswert in Bezug auf Menschen, die nicht auf Ihrer Liste stehen: Welche meiner guten Kontakte und Freundschaften sind eingeschlafen, weil ich mir immer weniger Zeit genommen habe, sie zu pflegen? Ziehen Sie dafür ruhig auch Ihr Adressverzeichnis zu Rate und ergänzen Sie Ihre Liste entsprechend.

▸ Kringeln Sie die Namen derjenigen, die Sie mögen und schätzen, ein, und setzen Sie vor jene, die Ihnen Kraft rauben und Ihnen nichts geben, ein Minuszeichen.

▸ Betrachten Sie die Ergebnisse der Übung und überlegen Sie: Mit wem will ich künftig mehr Zeit verbringen und mit wem weniger?

DAMPF ABLASSEN OHNE SUPER-GAU

Ärger, Zorn und Wut sind Emotionen, die wir im Alltag häufiger mal erleben: wenn jemand unsere Pläne durchkreuzt, uns kränkt, verletzt oder zurückweist, wenn Dinge nicht so laufen, wie sie unserer Meinung nach sollen, oder auch dann, wenn wir unseren eigenen Ansprüchen nicht gerecht werden. Das hat viel damit zu tun, wie wir die Situation wahrnehmen und bewerten. Wenn wir etwas als unfair oder ungerecht empfinden oder den Eindruck haben, dass jemand uns absichtlich verletzen oder schaden will, ist unsere Empörung nur allzu verständlich.

KONSTRUKTIV UMGEHEN MIT ÄRGER UND ZORN

Nicht Ärger und Zorn an sich sind das Problem. Wir müssen nur Wege finden, wie sich diese Gefühle angemessen ausdrücken lassen. Man kann zwar einfach »Dampf ablassen«, schimpfen, schreien, den anderen mit Worten oder sogar tätlich angreifen, aber hilfreich ist dies alles nicht. Im Zustand aufschäumender Wut sagen wir schnell Dinge, die wir später bereuen, die uns dann peinlich sind und unangenehme Folgen haben können. Dann fühlen wir uns nicht entlastet, sondern mieser als zuvor.

Böse Falle!

Wie Hirnforscher herausgefunden haben, hat das reine Ausagieren von Ärger, Wut und Zorn nicht nur zur Folge, dass diese Emotionen zunehmen, statt weniger zu werden. Es kommt durch die wiederholte Verknüpfung der Reaktion mit der Situation auch zu einer Reiz-Reaktions-Kopplung: Jedes Mal, wenn wir auf einen Reiz hin »ausrasten«, steigt die Wahrscheinlichkeit, dass wir es das nächste Mal wieder tun werden. Denn wir trainieren dieses Verhalten regelrecht, indem wir es wiederholen, wiederholen, wiederholen …

Was also tun?

Sich alles gefallen zu lassen, kann nicht die Lösung sein, denn dann sitzen wir buchstäblich auf gespeichertem Groll fest, was auch nicht gesund ist. Zudem würde es am Selbstwertgefühl nagen.

Also sollten wir in der Situation weder unüberlegt lospoltern noch den Zorn in uns hineinfressen. Doch was dann? Die Übungen hier zeigen Ansatzpunkte, die Sie dabei unterstützen, ein gesundes Ventil für den Groll zu finden.

DAS WUTVENTIL

Nehmen Sie Ärger, Wut und Zorn ernst. Es sind Hinweise darauf, dass es Konflikte in Ihrem Leben gibt, um die Sie sich kümmern sollten. Lösungen finden Sie aber erst dann, wenn Sie Ihren Emotionspegel gesenkt haben. Genau das können Methoden zum Dampfablassen bewirken. Wählen Sie dazu die Ausdrucksformen, die Ihrem Temperament und der Situation am besten entsprechen. Natürlich sollten Sie dabei weder sich selbst noch anderen schaden.

Menschen, die Ventile für Ärger und Zorn finden und nutzen – sei es durch Laufen oder Schwimmen, Fitnesstraining, Boxen, den Einsatz der eigenen Stimme oder das Aufschreiben der belastenden Gefühle –, sagen oft, dass sie dies ruhiger macht, dass ihr Schlaf davon profitiert und sie den Eindruck haben, wieder über mehr Energie zu verfügen. Und genau diese Phänomene lassen dann natürlich auch die Stimmung wieder steigen.

ÜBUNG

ERSTE WUTSTRATEGIE: BEWEGUNG

●

Wenn Sie nach einem Tag mit viel Stress und Ärger Dampf ablassen möchten, dann können Ihnen vor allem Ausdauersportarten wie Joggen, Schwimmen oder Radfahren helfen – oder auch Kampfsport oder Boxen. Sich-Auspowern baut das Übermaß an Stresshormonen ab und hilft beim Entspannen. Auch ein flotter Spaziergang mag manchmal schon helfen.

ZWEITE WUTSTRATEGIE: SCHREIEN

•

Lassen Sie mit der Stimme den ganzen Ärger und Verdruss raus – dort, wo Sie so laut sein können, wie Sie wollen, ohne jemanden damit zu erschrecken. Das kann im eigenen Auto sein oder vielleicht sogar unter einer Autobahn- oder S-Bahn-Brücke. Sobald ein Laster oder ein Zug anrollt, werden die Schreie vom Lärm geschluckt. Nur Mut, Sie werden sich enorm befreit fühlen. Auch lautes Singen hilft dabei, Aggressionen abzubauen. Einfach Radio oder CD-Player einschalten und lauthals mitsingen.

DRITTE WUTSTRATEGIE: AUFSCHREIBEN, WAS QUÄLT

•

Bringen Sie die Auslöser für Ihren Zorn aufs Papier, schreiben Sie sich den erlebten Frust von der Seele. Das Geschehen in Worte zu fassen, zwingt dazu, genauer nachzudenken. Es macht Ihnen Ihre Gefühle und auch Ihre Denkmuster deutlicher bewusst, doch vor allem entlastet es Sie von Ihren aufgewühlten Gefühlen. Das schriftliche Ausdrücken dessen, was Sie bewegt, unterstützt Sie dabei, das Geschehen zu verarbeiten und den Kopf wieder freizubekommen. Auch so verfliegt die Wut.

NEGATIVES DENKEN AUFLOCKERN

Die Dinge, denen Sie Ihre Aufmerksamkeit häufig widmen, gewinnen für Sie automatisch immer weiter an Bedeutung. Und sie beeinflussen wiederum auch Ihre Gefühle am nachhaltigsten. Ob Sie sich gerade mit Rachefantasien als Reaktion auf eine Kränkung beschäftigen oder an eine unverhoffte, sehr angenehme Begegnung denken – ganz automatisch wird die dazugehörende Stimmung in Ihnen mit aktiviert.

DENKEN PRÄGT FÜHLEN

Wir verändern uns in die Richtung unserer am häufigsten gedachten Gedanken. Denn alle Gedanken sind mit Gefühlen verknüpft und all diese Gedanken-Gefühls-Prozesse hinterlassen Spuren im Gehirn. Bestimmte Synapsen, also Verbindungen zwischen Nervenzellen, werden gestärkt und gefestigt, während andere, die nur selten aktiviert werden, schwach bleiben.

Wer sich Sorgen macht, nimmt es oft so wahr, dass dies das Denken und Fühlen völlig beherrscht. Er verspürt dabei auch ganz deutlich körperliche Begleiterscheinungen: Herzklopfen, Magendrücken, Atemnot ... Sollte sich später herausstellen, dass die gehegten Befürchtungen ganz unbegründet waren, kann man den gedanklichen, gefühlsmäßigen und körperlichen Aufruhr oft nicht mal mehr nachvollziehen.

Wählen Sie den Fokus

Wenn Sie Ihre Aufmerksamkeit vorrangig auf Problematisches, Deprimierendes und Beängstigendes richten, dann rufen Sie zum einen die dazu passenden Gefühle auf und sorgen zum anderen mit jedem weiteren Mal dafür, dass sich das Muster in Ihrem Gehirn weiter festigt. Das Umgekehrte gilt aber genauso.

> *»In meinem Leben habe ich unvorstellbar viele Katastrophen erlitten. Die meisten davon sind nie eingetreten.«*
>
> MARK TWAIN

Je mehr Sie sich gedanklich Dingen widmen, die Ihnen wirklich guttun, desto stärker dominieren diese Ihr Denken und Handeln. An Angenehmes zu denken ruft entsprechend angenehme Gefühle auf – und je häufiger Sie dies tun, desto mehr werden die damit verbundenen Neuronenverbindungen verstärkt. Wenn Sie dazu neigen, häufig an Bedrückendes zu denken, dann sollten Sie diese Gedankengänge begrenzen, indem Sie ihnen bestimmte Zeiten zuweisen (siehe Seite 39).

Denken Sie zuversichtlich

Sie können jederzeit entscheiden, wohin Sie Ihre Gedanken lenken. Und damit können Sie natürlich auch Einfluss darauf nehmen, wie Sie sich fühlen. Und: Sie haben die Freiheit, ein aktuelles Geschehen anders als bisher gewohnt zu interpretieren. Sorgen Sie also in Ihrem eigenen Interesse dafür, sich bewusst solchen Gedanken, Erinnerungen und Bildern zu widmen, die Sie in eine gute Stimmung versetzen und Ihre Zuversicht stärken.

UNSERE GEDANKEN UND IHRE FOLGEN

Welche Gedanken Ihnen hauptsächlich durch den Kopf gehen, entscheidet darüber, ob Sie zufrieden oder unzufrieden mit sich sind, ob Sie Ihr Vorstellungsvermögen erweitern oder begrenzen, ob Sie sich als selbstbestimmt empfinden oder sich als hilfloses Opfer der Umstände betrachten. Es bestimmt, ob Sie resignieren und sich darauf beschränken, die Hände in den Schoß zu legen, oder ob Sie das, was Ihnen Probleme macht, aktiv anpacken. Sie haben die Wahl.

STRESSENDE ÜBERZEUGUNGEN

Wenn wir von etwas überzeugt sind, halten wir dies oft für die einzig richtige Sicht der Dinge und übersehen, dass es nur eine von vielen möglichen Betrachtungsweisen darstellt. Hinter unseren Überzeugungen stecken anerzogene oder im Laufe des Lebens erlernte Sichtweisen, mittels derer wir interpretieren, was wahr und was falsch ist, was uns wichtig und was uns unwichtig erscheint. Obgleich unsere Überzeugungen also höchst subjektiv sind, beeinflussen sie unsere Wahrnehmung erheblich. Dies prägt natürlich auch unsere Entscheidungen und die Resultate, die wir dadurch erzielen.

Überzeugungen sind zweifellos wichtig dafür, dass wir uns orientieren und unsere Wahrnehmungen »einordnen« können. Dies gibt uns ein Gefühl der Sicherheit. Stress allerdings entsteht häufig durch unrealistische Überzeugungen. Wer überzeugt davon ist, an seinem Leben nichts ändern zu können, hat möglicherweise schon etliches ausprobiert, um Veränderungen herbeizuführen, und ist damit gescheitert. Deswegen ist er nun deprimiert und hat

> »Auch das Denken schadet bisweilen der Gesundheit.«
>
> ARISTOTELES

resigniert. Dennoch ist die Überzeugung »Daran kann ich nichts ändern« nur die subjektive Sicht der Dinge und nicht die Realität. Jenseits dieser Vorerfahrungen gibt es noch etliche andere Wege, die derjenige noch nicht erkundet hat und die erfolgreicher sein könnten als die bisher ausprobierten.

LASSEN SIE IHRE DENK-MUSKELN SPIELEN

Was Sie über sich selbst und über andere denken, ruft nicht nur die entsprechenden Gefühle auf, sondern beeinflusst auch, was in Ihrem Körper geschieht. Zwischen Gedanken, Gefühlen und Immunsystem besteht eine enge Wechselwirkung. Der Körper reagiert auf das, was in der Gedanken- und Gefühlswelt vorgeht. Er setzt das um, was wir denken und empfinden. Umgekehrt nehmen natürlich körperli-

DAS ABC(DE)-SCHEMA

Je nachdem, wie wir ein Geschehen interpretieren, verhalten wir uns anschließend. Dies erklärt, warum zwei Menschen auf ein und dasselbe Ereignis manchmal völlig unterschiedlich reagieren. Sie ordnen dem, was geschehen ist, andersartige Bedeutungen zu, und das nimmt Einfluss auf ihre Gefühle und Gedanken und auf das, was sie anschließend tun. Unsere Wahrnehmung folgt nach den Untersuchungen des Kognitionspsychologen Albert Ellis einem einfachen ABC-Schema:

▸ A (activating events): Dies ist das auslösende Ereignis.

▸ B (beliefs): Das sind die bewertenden Gedanken, die auf eigenen Überzeugungen und Erfahrungen beruhen.

▸ C (consequences): Die Konsequenzen daraus, das heißt Gefühle, Gedanken und Verhaltensweisen.

Später hat Ellis das Schema um die Aspekte D und E ergänzt:

▸ D (disputation): Dies beinhaltet die Reflexion und das Infragestellen der bewertenden Gedanken. Man fragt: »Ist das tatsächlich (immer) so?«

▸ E (effect): Dies meint das Ersetzen der bisherigen Bewertung durch eine neue Interpretation des Geschehens.

che Befindlichkeiten auch Einfluss auf unser Denken und Fühlen (ab Seite 22).

Denken Sie weiter, größer, heller

Neben der eigenen Sichtweise gibt es noch viele weitere Blickwinkel, unter denen sich ein Geschehen interpretieren und bewerten lässt. Üben Sie sich darin, alternative Betrachtungsweisen auszuprobieren. Beispielsweise zieht der Gedanke an eine Entscheidung in der Vergangenheit, die Sie bisher stets als falsch betrachtet hatten, entsprechend schmerzliche Gefühle nach sich. Betrachten Sie das damalige Geschehen nun jedoch einmal aus einer anderen Perspektive, indem Sie sich Fragen wie diese dazu stellen:

- Zu welchen positiven Entwicklungen hat die damalige Entscheidung geführt?
- Was habe ich daraus gelernt und wie hilft mir das heute?
- Was habe ich dadurch Neues, Gutes kennengelernt, was mir sonst nicht möglich gewesen wäre?
- Wie bin ich an diesem damaligen Geschehen persönlich gewachsen, welche Stärken habe ich dadurch entwickelt?
- Was kann ich dieser Entscheidung im Nachhinein noch alles an Gutem abgewinnen?

Umwerten – und Kraft schöpfen

Indem Sie alternative Betrachtungsweisen entwickeln, relativieren Sie die bisherige Sicht der Dinge, sodass beim Gedanken an das Geschehen nicht mehr automatisch Schmerz, Scham oder Schuldgefühle aufgerufen werden. Sie können dann viel ruhiger bleiben – in dem Bewusstsein, dass das damalige Geschehen auch etwas »genutzt« hat und Ihnen etwas Wertvolles schenkte.

Das bewusste Umwerten von Geschehnissen und das Neu- und Andersbewer-

»Es sind nicht die Dinge, die uns beunruhigen, sondern die Meinungen, die wir von den Dingen haben.«

EPIKTET

ten von aktuellen Reizen bietet eine Chance dafür, Ereignisse und Informationen in einem positiveren Licht zu sehen – und damit auch die eigene Grundgestimmtheit aufzuhellen. Dies gilt insbesondere für Dinge, die Sie nicht verändern können, wie beispielsweise das Wetter, ein körperliches oder mentales Handicap, den Kontakt zu einer unbeliebten Arbeitskollegin, mit der Sie aber viel zu tun haben, oder ein Bauvorhaben in Ihrer Nachbarschaft, das mit viel Lärm und Staub einhergeht. Üben Sie sich darin, deprimierende Bewertungen infrage zu stellen und sich immer wieder bewusst zu machen, dass auch andere Sichtweisen und Einstellungen für Sie stimmig sein könnten – solche, die Ihre Lebensfreude, Ihre Gelassenheit und die grundsätzliche Lebenszufriedenheit stärken.

ALTE MUSTER ENTLARVEN ...

• Nehmen Sie sich ein paar Minuten oder besser eine halbe Stunde Zeit und sorgen Sie dafür, ungestört zu sein. Fragen Sie sich, welche Ihrer automatischen Bewertungsmuster Sie einschränken oder bewirken, dass Sie sich hilflos oder deprimiert fühlen.

• Wählen Sie eines der Bewertungsmuster aus, das Sie gern verändern würden, beispielsweise: »Immer werde ich in meinen Wortbeiträgen unterbrochen, ich bin eben für andere einfach langweilig. Am besten ich sage gar nichts mehr.«

• Hinterfragen Sie nun ehrlich die Allgemeingültigkeit dieser Überzeugung: »Werde ich tatsächlich immer unterbrochen? Welche Gegenbeispiele gibt es? Wann und wo habe ich erlebt, dass man mir zuhört?«

• Forschen Sie nach den versteckten Ursprüngen des Bewertungsmusters.

Woher kommt es? Hat man Sie vielleicht als Kind oft übergangen? Und haben Sie sich dann meistens in Ihr Schneckenhaus zurückgezogen?

• Haben Sie das Bewertungsmuster seither überprüft? Kann es sich bei der Bewertung »Ich bin eben für andere einfach langweilig« möglicherweise auch um eine subjektive Einstellung von jemand anderem handeln, die Sie übernommen haben?

• Prüfen Sie, welche Auswirkungen diese Überzeugung auf Ihr Leben hat: Welche Entscheidungen haben Sie aufgrund dieser Überzeugung getroffen? Wie fühlen Sie sich jetzt mit den Konsequenzen, die daraus erwuchsen? Gibt es Erfahrungen, die Sie aufgrund dieser Überzeugung gar nicht erst machen wollen oder können? Machen Sie sich zu all diesen Fragen schriftliche Notizen.

ÜBUNG

... UND DURCH NEUE ERSETZEN

●

▸ Haben Sie eine negative Überzeugung entlarvt, fragen Sie sich, welche Konsequenzen es hätte, sie loszulassen: Wie würden Sie dann denken? Welche Schlüsse würden Sie ziehen? Was könnten Sie dann tun? Beispielsweise könnten Sie den, der Sie unterbricht, freundlich, aber bestimmt stoppen ... Notieren Sie Ihre Ideen.

▸ Und dann: Tun Sie so, als ob. Handeln Sie bei der nächsten Gelegenheit so, als hätten Sie das einschränkende Bewertungsmuster bereits losgelassen. Wiederholen Sie das Experiment ein paarmal und entscheiden Sie dann, ob Sie das alte Denk- und Handlungsmuster dauerhaft durch das neue ersetzen wollen.

IN DIE ZUKUNFT UND ZURÜCK
Wenn uns ganz akut etwas ärgert oder bedrückt, scheint es so, als würde dies über alles andere, was sonst noch geschieht, dominieren. Ob Trauer, Wut oder Sorge – wir sind ganz von unserem Gefühl erfüllt. Doch vieles, was uns aktuell die Stimmung verdirbt, erscheint mit einem zeitlichen Abstand belanglos und ist dann manchmal kaum noch der Rede wert – sofern wir es nicht ohnehin schon vergessen haben.

»Die Zeit heilt alle Wunden«, diese Redensart mag banal erscheinen, dennoch enthält der Spruch mehr als nur ein Fünkchen Wahrheit. Betrachten Sie doch nur mal eine Situation, in der Sie sich geärgert haben, oder ein Geschehen, das Sie aus der Fassung gebracht hat, aus der Zukunftsperspektive. Wählen Sie etwas aus, was Ihnen kürzlich mal die Stimmung verdorben hat und was Ihnen noch lange nachgegangen ist oder Sie immer noch beschäftigt.

Fragen Sie sich:

- Welche Bedeutung wird dieses momentan so wichtige Geschehen in einem Monat noch für Sie haben?
- Welche Bedeutung wird es in einem Jahr für Sie haben?
- Welche in fünf Jahren?
- Welche in zehn Jahren?

Ist das, was Sie momentan so in Unruhe versetzt oder Sie sogar in ein großes schwarzes Loch stürzen lässt, in einem, in fünf oder zehn Jahren noch wichtig?

DIE FÜNF-JAHRES-PERSPEKTIVE

▶ Versetzen Sie sich gedanklich fünf Jahre in die Zukunft und stellen Sie sich vor, dass es Ihnen richtig gut geht. Wo sind Sie? Wie fühlen Sie sich? Was machen Sie gerade? Je realistischer Sie sich das Ganze vorstellen, umso besser.

▶ Beziehen Sie Ihre Sinne in Ihren Zukunftsfilm mit ein: Betrachten Sie Ihre vorgestellte Umgebung und hören Sie, was es an diesem Ort zu hören gibt, spüren Sie Ihren Körper. Vielleicht haben Sie einen bestimmten Geschmack auf der Zunge oder nehmen ein angenehmes Aroma im Raum wahr. Spüren Sie in sich hinein und kosten Sie das angenehme Gefühl voll aus.

▶ Werfen Sie nun aus dieser Zukunft heraus einen Blick auf das, was Sie momentan ärgert oder bedrückt. Was bedeutet es für Sie in fünf Jahren, dass Ihre Kollegin Sie nicht zum Gartenfest eingeladen hat? Dass Ihre kleine Tochter aus Versehen den Kakao über Ihre neue Jeans gekippt hat? Dass Sie eine Viertelstunde an der Kasse anstehen mussten? Oder dass Sie das falsche Waschprogramm eingestellt haben und sich dadurch zwei T-Shirts unschön verfärbten?

Indem wir die Dinge aus der Zukunfts-perspektive betrachten, können wir das Geschehen viel lockerer sehen und ge-nauer erkennen, welche Ereignisse tat-sächlich eine nachhaltige Bedeutung für unser Leben haben und welche nicht. Wir erkennen dann auch, dass vieles es gar nicht wert ist, sich davon die Stimmung verderben zu lassen.

PARADOX HILFT WEITER
Paradoxe Fragen sind provokativ und zielen darauf ab, einen (unbefriedigen-den) Ist-Zustand sogar noch zu verstär-ken. Dies erschüttert festgefahrene Denk- und Verhaltensweisen, löst Blockaden und regt die Fantasie an. Sie verhelfen sich zu Aha-Erlebnissen und zu kreativen Lösungsansätzen.
Die nebenstehende Übung zeigt, wie's geht. Sobald Sie mindestens zehn Ideen beisammen haben, machen Sie fünf Mi-nuten Pause und drehen dann jede ein-zelne Idee in ihr Gegenteil um. Schwupps haben Sie ein individuelles Ideenreservoir für gute Laune zur Ver-fügung. Und wahrscheinlich müssen Sie schon beim Formulieren Ihrer Aus-sagen ganz laut lachen …

ÜBUNG
PARADOXE FRAGEN
●

Beantworten Sie bei Ärger, Frust oder düsterer Stimmung paradoxe Fragen wie diese:
► Was müsste ich tun, damit die üble Laune noch schlimmer wird?
► Wie kann ich es am einfachsten und effektivsten verhindern, wie-der gute Laune zu kriegen?
► Wie kriege ich es hin, so unaus-stehlich zu sein, dass mir alle aus dem Weg gehen?
► Wie kann ich meine Freunde am effektivsten vergraulen?
► Wie stelle ich sicher, dass mein Partner genauso schlecht drauf-kommt wie ich selbst? Denn wieso soll es dem denn besser gehen?
Lassen Sie Ihrer Fantasie freien Lauf! Halten Sie so viele Einfälle wie möglich fest – auf einem Bo-gen Papier oder im PC. Je mehr Ide-en Sie finden, desto besser.

ACHTSAM DAS ANGENEHME WÜRDIGEN

Meist ist unser Alltag erfüllt von Routinen und Pflichten und im Vordergrund steht, einfach Stunde um Stunde nur möglichst gut zu funktionieren. Dabei haben wir oft nicht die Muße, uns Gedanken darüber zu machen, was uns guttun könnte und was uns nicht entspricht. Der Tag hat seine Struktur und ist durchorganisiert. Alles, was den geplanten Ablauf stört, erhält sofort negative Aufmerksamkeit: die verpasste S-Bahn, der stehen gelassene Schirm, der verlorene Schlüssel, die Zusatzaufgabe im Büro … Hingegen nehmen wir das, was gut funktioniert, meist als selbstverständlich hin und haben kein Auge für das, was gerade schön ist.

Studien der Positiven Psychologie zeigen deutlich, dass vor allem die Menschen glücklich und zufrieden sind, die die angenehmen Seiten in ihrem Leben wahrnehmen und würdigen und sich immer wieder bewusst machen, wofür sie dankbar sein können. Lebensfreude, Glück und Erfüllung sind also letztlich das Resultat von vielen kleinen Angewohnheiten, mit denen wir täglich gut für uns sorgen.

GEZIELT DEN BLICK WECHSELN

Antworten zu finden auf die Fragen in der folgenden Übung bringt Sie sicher zu ganz anderen Gedanken und Gefühlen als die Konzentration auf die Dinge, die gerade im Argen liegen. Um den Freudemachern noch mehr auf die Spur zu kommen, überlegen Sie doch einmal, was Ihnen fehlen würde, wenn Sie es nicht mehr hätten. Was würden Sie vermissen? Ihre Familie, Ihre Kinder, Ihre Freunde, den schönen Garten oder auch das Internet?

Den Fokus auf das Schöne legen

Wir nehmen viele Annehmlichkeiten nicht als Privilegien oder etwas Besonderes wahr, da uns unsere Lebensum-

> »Gib jedem Tag die Chance,
> der schönste deines Lebens
> zu werden.«
>
> MARK TWAIN

ÜBUNG

DEN BLICK AUF DAS ANGENEHME RICHTEN

●

Manchmal führen Fragen, die sich auf das beziehen, was positiv im eigenen Leben ist, aus einem Stimmungstief heraus. Sie bewirken, dass wir die Dinge wieder in einem freundlicheren Licht sehen können. Wenn sich also der nächste Ärger, das nächste Beleidigtsein oder die nächste trübe Stimmung breitmachen will, dann stellen Sie sich Fragen wie die folgenden und lauschen Sie darauf, welche Antworten sich in Ihnen melden:

▸ Was ist momentan schön?

▸ Was klappt so wie vorgesehen?

▸ Was fällt mir besonders leicht und geht mir gut von der Hand?

▸ Woran denke ich (normalerweise) sehr gern?

▸ Wen kann ich gut leiden und von wem fühle ich mich geschätzt?

▸ Mit welchen Kollegen, Freunden, Familienmitgliedern und so weiter bin ich gern zusammen?

▸ Was könnte mir gerade jetzt besonders guttun?

▸ Wem möchte ich eine Freude machen? Und wie tue ich das?

Finden Sie möglichst viele Antworten auf diese Fragen. Lassen Sie Ihrer Erinnerung und Ihrem Vorstellungsvermögen freien Lauf. Und spüren Sie, wie gut die Antworten tun.

stände meist als »selbstverständlich« erscheinen und wir auf das fixiert sind, was uns fehlt. Während Sie die Fragen oben beantworten, lenken Sie Ihre Aufmerksamkeit weg von dem, was Sie als belastend erleben, was Sie ärgert oder bedrückt, hin zu dem, was Grund zur Freude bietet. Dies relativiert unerfreuliche Geschehnisse und unterstützt Sie dabei, Ihre Gelassenheit zu stärken.

»Viele Menschen versäumen das kleine Glück, während sie auf das große vergebens warten.«

Kleine Gute-Laune-Impulse wahrnehmen

Neben Problemen, Konflikten und anderen Herausforderungen hält jeder neue Tag auch viele kleine positive Impulse bereit. Dies sind Geschenke, die unser Leben bereichern – wenn wir bereit sind, ihnen Aufmerksamkeit zu schenken. Solche kleinen Glücksmomente können beispielsweise sein: das Lächeln, das Ihnen jemand im Vorübergehen schenkt, das Zwitschern einer Lerche, ein plötzlich durch die Wolken brechender Sonnenstrahl, eine lustige E-Mail von jemandem, der Ihnen viel bedeutet, ein kleiner Scherz eines Kollegen. Das sind lauter Winzigkeiten, die Sie vielleicht normalerweise gar nicht bemerken oder nur am Rande zur Kenntnis nehmen, während Sie sich Sorgen um dies, das und jenes machen.

Doch es sind allesamt Schönheiten, die Ihr Leben bereichern können. Wenn Sie sich darin üben, die Aufmerksamkeit gezielt zu den Dingen hin zu lotsen, die Ihnen Freude machen, dann lösen sich damit zwar Sorgen und Probleme nicht in Luft auf, doch die Qualität Ihres Erlebens verändert sich. Das, was Sie ärgert, nervt oder belastet, erscheint weniger wichtig und übt dadurch automatisch weniger Druck auf Ihr Denken und Ihre Gefühle aus.

Die Kraft der Dankbarkeit

Um sich der Pluspunkte in Ihrem Leben deutlicher bewusst zu werden, hilft es, immer mehr ehrlich empfundene Dankbarkeit zu erleben. Dies wird Ihre Stimmung nicht nur spontan aufhellen, sondern wird Ihren Blick für das Positive nachhaltig schärfen. Besonders viel haben Sie von der folgenden Übung, wenn Sie Ihre Dankbarkeitsgründe schriftlich formulieren und sich diese Auflistung immer mal wieder durchlesen. Nach einiger Zeit werden Sie unwillkürlich nach schönen Dingen Ausschau halten und dann auch spontan Anlässe für ein »Danke« sehen.

Alles zählt!

Im Grunde ist nichts selbstverständlich, auch wenn wir viele Dinge als normal ansehen. Doch es ist durchaus nicht selbstverständlich, in einem Land zu leben, in dem Frieden herrscht, in einer Demokratie zu leben, ein Dach über dem Kopf, genügend zu essen und sauberes Trinkwasser zu haben, krankenversichert zu sein, lesen und schreiben zu können, einen Zugang zum Internet zu haben … Sich zu vergegenwärtigen, welche Gründe es dafür gibt, dankbar zu sein, ist das eine – und es bringt schon sehr viel. Anderen häufiger als bisher bewusst zu danken, ist das andere – per Telefon, Brief, Mail, SMS oder auch persönlich. Das erfreut nicht nur Ihr Gegenüber, sondern auch Sie selbst. Egal in welcher Form es geschieht, Ihr Dank wird bei Ihnen beiden eine positive Resonanz hervorrufen.

ÜBUNG

FÜNF GRÜNDE, DANKBAR ZU SEIN

Zählen Sie fünf Dinge an Ihren Fingern ab, für die Sie dankbar sein können. Tun Sie dies jeden Tag, egal in welcher Stimmung Sie sind, und fügen Sie diese neue Gewohnheit fest in Ihren Tagesablauf ein – etwa allmorgendlich vor dem Frühstück oder abends nach dem Zähneputzen –, sodass Sie automatisch daran denken. Dabei spielt es keine Rolle, worauf sich Ihre Dankbarkeit richtet – ein Kinobesuch mit dem Partner, eine gute Nachricht von einer Freundin, die Tatsache, ein Dach über dem Kopf zu haben, von einer Krankheit genesen zu sein oder, oder, oder. Allerdings sollten Sie versuchen, Dopplungen zu vermeiden. Finden Sie jeden Tag fünf neue Gründe dafür, dankbar zu sein. Sie werden sehen: Es gibt unendlich viele.

Dank ist Wertschätzung

»Wäre das Wort Danke das einzige Gebet, das du je sprichst, so würde es genügen.« Dieser schöne Satz stammt von dem mittelalterlichen christlichen Mystiker Meister Eckhart. Er hebt die enorme Wirkkraft des Dankens hervor.

Und die gilt nicht nur im Spirituellen. Wer bereit dazu ist, jemandem gegenüber seinen Dank auszusprechen, zeigt damit, dass er den Einsatz und die Freundlichkeit seiner Mitmenschen wahrnimmt und wertschätzt, statt sie als selbstverständlich zu betrachten. Der amerikanischen Psychologin Sonja Lyubomirsky zufolge erhöht die bewusst gepflegte Dankbarkeit langfristig betrachtet das persönliche Gute-Laune-Level – und dies aus mehreren Gründen. Wer nämlich häufig Dankbarkeit empfindet,

* kann schöne Erlebnisse intensiver genießen,
* erlebt weniger negative Gefühle wie Ärger, Wut, Eifersucht, Neid, Scham oder Schuld,
* stärkt damit sein Selbstwertgefühl,
* kann besser mit unterschiedlichen Belastungen umgehen,
* verhält sich in stärkerem Maße kooperativ und hilfsbereit,
* und dies wiederum verbessert seine sozialen Beziehungen.

Unterschätzen Sie also nicht, wie viel Ihnen die bewusste Pflege von Dankbarkeitsempfindungen bringen kann.

PESSIMISTISCH ODER OPTIMISTISCH?

Natürlich hat all das auch viel damit zu tun, ob wir eher optimistisch oder pessimistisch durchs Leben gehen. Wie verhalten Sie sich, wenn der Zug ausfällt und ungewiss ist, ab wann die Strecke wieder befahrbar ist? Wie reagieren Sie, wenn Sie einen wichtigen Termin wahrnehmen wollen und in einen Stau geraten? Was geht Ihnen als Erstes durch den Kopf, wenn Sie bemerken, dass Sie Ihren Hausschlüssel im Büro gelassen haben? Immer wieder gibt es Momente, in denen wir ein Geschehen als gegeben hinnehmen müssen. In solchen Situationen können wir nur entscheiden, wie wir mit ihnen umgehen wollen. Optimistisch eingestellte Menschen gehen hier deutlich lösungsorientierter vor als pessimistisch eingestellte.

OPTIMISTEN GELINGT DAS LEBEN

Martin Seligman, der »Vater der Positiven Psychologie«, fand heraus, dass Optimisten sich von Pessimisten vor allem in drei wesentlichen Dimensionen unterscheiden:

Dauerhaftigkeit: Während Pessimisten die Ursachen für unangenehme Geschehnisse oder Lebensumstände, mit denen sie es zu tun haben, für dauerhaft und beständig halten, sehen Optimisten sie als etwas von nur kurzer Dauer an. Umgekehrt betrachten Optimisten glückliche Zeiten als etwas Dauerhaftes, während Pessimisten dem Glück misstrauen und davon überzeugt sind, dass es bald ein Ende hat.

Geltungsbereich: Pessimisten generalisieren Fehlschläge, das heißt, sie über–tragen einen Misserfolg oder eine Niederlage in einem bestimmten Bereich ins Allgemeine. Optimisten hingegen reagieren anders: Für sie bleibt der Fehlschlag auf diese eine Situation bezogen, während andere Bereiche ihres Lebens davon unbeeinflusst sind. Umgekehrt geht der Punkt ebenso an die Optimisten: Erfolgserlebnisse werden von Pessimisten als die Ausnahme von der Regel betrachtet. Sie werden von ihnen oft auch heruntergespielt, während Optimisten sie als das Gängige und Alltägliche ansehen.

Personalisierung: Pessimisten geben sich selbst die Schuld für Misserfolge und Fehlschläge, während sie die Ursachen für Erfolge nicht in sich selbst sehen. Sie sagen dann: »Das war nur Glück.« Bei Optimisten ist es auch hier wiederum genau umgekehrt. Sie schreiben die Ursache für allerlei Pannen und Niederlagen eher den Umständen zu und sehen die Ursache für Erfolge in sich selbst. Sie sagen: »Das hat geklappt, weil ich ...«

Daraus folgt: Pessimisten fühlen sich häufig hilflos und erwarten meist schon von vornherein, dass ihre Vorhaben schiefgehen. Optimisten hingegen sind lösungsorientiert und offen dafür, sich bietende Chancen zu nutzen. Sie vertrauen in sich selbst und darauf, dass das, was sie vorhaben, gelingen kann.

DIE KRAFT DER VORSTELLUNG NUTZEN

Körperliches Training stärkt Kraft und Ausdauer, und im übertragenen Sinne gilt das für mentales Training genauso: Es stärkt unsere mentalen Kräfte (Vorstellungsvermögen, Kreativität, Konzentration) und die mentale Ausdauer (das Dranbleiben). Dabei nehmen wir Einfluss auf unsere inneren Bilder, mit dem Ziel, diese positiv zu verändern. Wir gehen in folgenden Schritten vor:

- gedankliche Vorbereitung,
- in der Vorstellung in die Situation hineingehen,
- die Situation im Geiste unseren Zielen entsprechend erleben,
- mit diesem Vorstellungsbild oder -film in die reale Situation gehen.

WAS SIE DENKEN, WIRD WAHR

Beim Training unserer Vorstellungskraft nutzen wir das Prinzip der sich selbst erfüllenden Prophezeiung. Zweifel, Stress und Ängste treten in den Hintergrund, Tatkraft und Zuversicht wachsen. Bei vielen Spitzensportlern ist mentales Training schon seit Langem ein fester Bestandteil der Wettkampf-vorbereitung, beispielsweise visualisieren Sportler vorab bestimmte Bewegungsabläufe und das Überwinden von Hindernissen. Dabei geht es nicht allein darum, sich die Situation in möglichst klaren Bildern vorzustellen, sondern auch das Ziel, das erreicht werden soll. Wichtig ist, dass dieses Bild des Erfolgs mit positiven Gefühlen verbunden ist: Freude, Erleichterung, Stolz.

Das Gehirn spielt mit

Für das Gehirn macht es keinen Unterschied, ob das, was Sie sich vorstellen, der momentan existierenden Wirklichkeit entspricht oder nicht. Das Gehirn tut so, als ob das Vorgestellte bereits wirklich wäre. Neurotransmitter, Hormone, Enzyme und Stoffwechselprozesse unterscheiden nicht zwischen innerer und äußerer Realität und auch die Gefühle folgen dem fantasierten Muster. Je intensiver Gedankenbilder und die sie begleitenden Gefühle sind, desto größer ist der Einfluss auf das Unbewusste. Davon können wir uns einiges für unser Coaching abschauen.

FÖRDERLICHES STÄRKEN

In die Bewertung eines Geschehens fließt immer auch die Macht der Bilder aus dem Unbewussten mit ein, also ob wir das, was uns bewegt, als groß, dominant, farbig und klar wahrnehmen oder als klein, kraftlos und blass. Jeder von uns entwickelt ständig solche inneren Bilder. Oft bleiben sie unbewusst. Das hält sie aber nicht davon ab, dennoch Einfluss auf unser Denken und Handeln zu nehmen, sodass wir uns manches Mal kopfschüttelnd fragen: »Wie konnte ich bloß! Was hat mich da eigentlich geritten?«

Die Übung unten lehrt uns, wie relativ unsere Weltsicht ist. Dies hilft uns auch, Verständnis für andere zu entwickeln, die vielleicht in einer anderen Kultur aufgewachsen sind oder auf sonstige Weise eine ganz andere Art der Sozialisierung erfahren haben.

ÜBUNG

VERÄNDERN SIE DIE BILDER IM KOPFKINO

Wenn Sie sich in Ihrer Fantasie Schreckensbilder ausmalen, dann rücken Sie diese Bilder einmal in der Vorstellung bewusst von sich weg. Schaffen Sie Abstand zwischen sich selbst und dem, was Sie da visualisieren. Schwächen Sie die Wirkung der Bilder weiter ab, indem Sie sie regelrecht ausbleichen und verschwimmen lassen. Dann lassen Sie das Bild auch noch schrumpfen. Am Ende sehen Sie das, was Sie beunruhigt oder deprimiert, nur noch so, als ob Sie ein altes, verwackeltes Foto in fahlen Farben betrachten würden. So verliert es mehr und mehr an Bedeutung. Vielleicht klappt das nicht auf Anhieb, doch mit einigem Üben wird es Ihnen immer leichter einen wohltuenden Abstand zu Sorgen und Ängsten vermitteln.

ENTSCHEIDEN MINDERT LEIDEN

Zum Gute-Laune-Coaching gehört es auch, den »Entscheidungsmuskel« zu trainieren. Wenn wir uns bewusst für oder gegen etwas entscheiden, verbringen wir die Zeit nicht mit lähmendem Grübeln oder damit, uns in Selbstzweifeln zu ergehen. Eigentlich ist das sonnenklar und dennoch neigen viele Menschen dazu, Entscheidungen vor sich herzuschieben und das Pro und Contra immer wieder aufs Neue zu beleuchten. Dies geschieht vor allem deswegen, weil wir zwar etwas verändern, gleichzeitig aber die Vorteile der bisherigen Situation beibehalten möchten. Oder bei zwei möglichen Wegen gern die Vorteile von allen beiden und keinerlei Nachteile hätten. Und das ist eben nicht möglich, denn jede Entscheidung für etwas ist gleichzeitig eine Entscheidung gegen etwas anderes.

KLARHEIT GEWINNEN

Sich zu entscheiden, ist mit Loslassen verbunden. Wenn Sie von Köln nach Berlin ziehen, um mit Ihrer großen Liebe zusammmen zu sein, dann bedeutet das, dass Sie sich einen neuen Job suchen müssen und dass Sie Ihre Kölner Freunde nicht mehr so oft sehen können. Und was, wenn es dann schiefläuft?

Nur die Vorteile einstreichen?

Es ist das Risiko des Ungewissen, was uns zaudern lässt. Wir hätten gern eine Garantie, dass alles gut geht, doch erst im Nachhinein wissen wir, ob der gewählte Weg für uns stimmig ist oder ob wir danebengelegen haben.

Jedoch: Eine Entscheidung immer wieder zu vertagen ist auch eine Entscheidung. Was wir nicht entscheiden, wird so manches Mal ohne unser Zutun entschieden – und das ist dann selten zu unserem Besten. Daher ist es die bessere Wahl, Entscheidungen selbst zu treffen und sie nicht anderen oder dem Zufall zu überlassen. So behalten wir das Steuer in der Hand.

Am Anfang jeder Entscheidungsfindung steht, dass Sie die wichtigsten Informationen über Ihre Optionen kennen. Je mehr Unbekannte es in Ihrem Entscheidungsprozess gibt, desto weniger sicheren Boden haben Sie unter den Füßen, denn Sie können dann Ihre Optionen gar nicht richtig einschätzen. Sammeln Sie also zunächst alle notwendigen Informationen, die Ihnen einen Zuwachs an Klarheit über Ihre Handlungsmöglichkeiten geben. Beraten Sie sich mit Kollegen oder guten Freunden, mit Menschen, die Erfahrung haben mit dem, worum es bei Ihnen gerade geht. Ziehen Sie eventuell Experten hinzu oder recherchieren Sie im Internet.

Wichtig statt vollständig

Ein Zuwachs an Klarheit macht es leichter – auch dann, wenn sich noch keine konkrete Wahl abzeichnet. Erheben Sie nicht den Anspruch »absolut alle« Aspekte kennen zu müssen, bevor Sie sich entscheiden, dies ist in vielen Fällen gar nicht möglich. Es genügt, wenn Sie die wichtigsten Konsequenzen Ihrer Entscheidung abschätzen können.

> *»Die schlimmste Entscheidung ist die Unentschlossenheit.«*
>
> BENJAMIN FRANKLIN

LOVE IT, CHANGE IT OR LEAVE IT

Ein gut handhabbares Instrument, um Klarheit zu schaffen und schlüssige Entscheidungen zu treffen, ist die Formel »Love it, change it or leave it«, was so viel bedeutet wie: Wenn Ihnen etwas nicht gefällt, dann freunden Sie sich damit an (love it), ändern Sie es (change it) oder lassen Sie es los (leave it).

Sich diese Alternativen bewusst zu machen und dann einen Entschluss zu fassen, eignet sich für vielerlei Situationen, die der Alltag so mit sich bringt. Beispielsweise dazu, sich aktuell zu entschließen, etwas Bestimmtes zu tun oder zu lassen, oder auch um einen eventuellen Entscheidungsstau aufzulösen, also Optionen, über die Sie schon länger fruchtlos gegrübelt haben, deutlicher zu sehen und das, was nötig ist, endlich anzupacken.

Love it

Schauen wir uns die drei Handlungsoptionen genauer an, die sich aus dem Motto »Love it, change it oder leave it« ergeben. Was würde es bedeuten, wenn Sie sich mit der Situation, um die es bei

Ihnen gerade geht, arrangieren? Den stressigen Arbeitsplatz als gegeben hinnehmen? Sich damit arrangieren, dass Sie auf dem Weg zur Arbeit mit dem Auto jeden Tag in Schrittgeschwindigkeit durch die Stadt schleichen? Es einfach akzeptieren, dass Ihre Freundin eine so grelle Lache hat, dass alle im Raum sich umdrehen?

Hier ein paar Fragen, die Sie sich dazu stellen können:

- Was würde mich dabei unterstützen, es zu akzeptieren?
- Wie kann ich es mir erträglicher machen?
- Kann ich es auch spielerischer oder mit Humor betrachten?
- Welche positiven Seiten kann ich der Situation abgewinnen?

Probieren Sie aus, ob Sie nicht mit der Zeit bemerken, dass Sie sich an die Sache »herangeliebt« haben.

Change it

Können Sie an dem Problem etwas verändern – weil es gute Optionen dafür gibt und / oder weil Sie es einfach nicht lieben können oder wollen? Vielleicht könnten Sie mit dem Chef sprechen, welche Möglichkeiten es gibt, ein anderes Tätigkeitsfeld zu übernehmen? Statt mit dem Auto künftig mit der S-Bahn, dem Bus oder dem Fahrrad fahren? Die Freundin auf ihr Verhalten ansprechen und ihr sagen, dass Ihnen ihr extrem auffälliges Lachen unangenehm ist?

Hier ein paar Fragen, die Sie sich dazu stellen können:

- Was genau wünsche ich mir anders? Was ist zu ändern?
- Was begünstigt eine Veränderung in meinem Sinne und was benötige ich dafür?
- Gibt es Unterstützung durch andere? Wenn ja, von wem? Wer kann mir womit helfen?
- Wie gehe ich vor und bis wann will ich es umgesetzt haben?

Leave it

Wenn Sie sich nicht mit der Situation arrangieren können und auch keine Möglichkeit sehen, Änderungen herbeizuführen, dann bleibt nur: »Und tschüss!« Sie sollten der Situation den Rücken kehren. Die Arbeitsstelle kündigen. In die Stadt ziehen, um nicht mehr pendeln zu müssen. Sich eine andere, dezentere Freundin suchen. Das klingt möglicherweise rigoros – aber ein Leben mit dem ständigen Gefühl des Gestresst- oder Genervtseins ist niemals die dauerhafte Lösung.

Hier wieder Fragen, die Sie sich dazu stellen können:

- Bin ich innerlich bereit, dieses Kapitel abzuschließen?
- Welche Nachteile, Risiken oder Unwägbarkeiten könnte dies nach sich ziehen?
- Wenn mir diese Nachteile klar sind: Will ich es immer noch?
- Wenn ja, welche Schritte sind jetzt zu gehen?
- Bis wann will ich die Entscheidung in die Tat umgesetzt haben?

Mehr ist nicht drin

Oftmals machen wir uns nicht klar, dass es tatsächlich nur diese drei Optionen gibt: sich arrangieren, etwas ändern oder gehen. Stattdessen schwanken wir hin und her und her und hin. Soll ich dies oder soll ich das? Das kostet sehr viel Energie und schickt die gute Laune postwendend in den Keller. Sobald wir aber eine bewusste Wahl getroffen haben und darangehen, uns in diese Richtung zu bewegen, tritt Entschlossenheit an die Stelle von Zaudern und Grübelei. Wir verspüren einen Schub an Energie und unsere Stimmung steigt gleich ein paar Grade nach oben. Wir haben unser Leben aktiv in die Hand genommen – kaum etwas gibt ein besseres Gefühl.

SO SCHAFFEN SIE PLATZ

Gut eignet sich das Motto »Love it, change it or leave it« auch zum mentalen Entrümpeln. Damit werden ungelöste Probleme und Konflikte aus dem Weg geräumt, die immer wieder auf die Stimmung drücken. Beleuchten Sie das Problem gründlich in den drei Alternativen, um anschließend eine Entscheidung zu treffen. Schreiben Sie alles auf, was Ihnen jeweils einfällt.

PRO & CONTRA VERÄNDERUNG

•

Nehmen Sie sich eine halbe Stunde Zeit und fertigen Sie eine Tabelle mit drei Spalten an:

► Listen Sie in der ersten Spalte alle Dinge auf, die Sie derzeit in Ihrem Leben gern anders hätten, und nummerieren Sie sie durch.

► In die zweite Spalte schreiben Sie für jeden Punkt die Gründe dafür, die jeweilige Sache zu ändern. Was spricht für eine Veränderung?

► In die dritte Spalte schreiben Sie jeweils die Gründe, weshalb alles so bleiben könnte, wie es ist, und Sie die Sache auf gar keinen Fall ändern sollten. Was sind die Vorteile, alles beim Alten zu lassen?

► Prüfen Sie genau, welche Konsequenzen es hat, die Situation so zu lassen oder hier aktiv zu werden. Überlegen Sie, ob die Nachteile aus der aktuellen Situation oder Ihre Gründe gegen eine Veränderung schwerer wiegen. Seien Sie ehrlich, fragen Sie Ihr Herz!

► Mit allem, was Sie nicht ändern wollen, sollten Sie Ihren Frieden schließen und sich nicht weiter antreiben mit einem »Eigentlich sollte ich ...«. Vielleicht ist dieser Punkt irgendwann in der Zukunft dran oder es war auch nie Ihr eigener Impuls, sondern Sie versuchten, die Erwartungen von jemand anderem zu erfüllen.

► Die Punkte, die Sie verändern wollen, machen Sie zu Ihren Zielen. Als Kompass dient dabei die Einschätzung, das umzusetzen, was gut für Sie ist und Sie persönlich weiterbringt. Spüren Sie, wie gut sich die neu gewonnene Klarheit anfühlt?

Wiederholen Sie die Übung nach ein bis zwei Monaten und betrachten Sie, was sich verändert hat.

ABWECHSLUNG BELEBT

Auch in ein angenehmes, sorgloses Leben kann sich Tristesse einschleichen, nämlich dann, wenn sich Einförmigkeit breitmacht. Natürlich benötigen wir Gewohntes, um uns wohlzufühlen. Kaum jemand erträgt es, unentwegt mit Neuem konfrontiert zu sein. Doch auch ein Übermaß an Gleichförmigkeit kann erstickend sein, und wenn es noch so harmonisch sein mag.

LAAAANGEWEILE …

Ein Tag wie der andere, alles plätschert so dahin. Sicher, das ist ein idealer Zustand, wenn wir gerade viel Aufregung hinter uns haben. Aber auf Dauer gesehen bekommt es uns nicht. Wir erleben die Welt aus ihren Gegensätzen heraus. Nie schmeckt ein Glas Wasser besser als dann, wenn wir vorher großen Durst hatten. Nie ist Ausruhen so schön wie nach einer langen Wanderung oder einer großen Anstrengung. Wie Christian Kroll (Jacobs University Bremen) und Sebastian Pokutta (Georgia Institute of Technology, USA) in einer Studie herausfanden, spielt es für die Stimmung eine große Rolle, wie lange sich jemand welcher Aktivität widmet. Das richtige Maß an Abwechslung sorgt dafür, dass die einzelnen Tätigkeiten als angenehm oder sogar erfüllend erlebt werden. Eine Stunde durch die Shopping-Mall schlendern, das kann Spaß machen – fünf Stunden sind eine Tortur. Falls Sie also eine diffuse Unzufriedenheit in sich spüren, obwohl Sie eigentlich alles haben, was Sie sich wünschen, dann sorgen Sie für mehr Abwechslung.

DEN HORIZONT ERWEITERN

Es gibt unzählige Möglichkeiten, das Leben durch neue Herausforderungen vielfältiger zu gestalten. Mit ein wenig Entdeckerlust lassen sich immer wieder neue Quellen für Wohlbefinden und gute Laune erschließen.

> »Nichts ist schwerer zu ertragen als eine Reihe von guten Tagen.«
>
> JOHANN WOLFGANG VON GOETHE

Ob Sie eine Sportart für sich entdecken oder mit einem Fremden ein Gespräch beginnen – neue Erfahrungen machen glücklich. Versuchen Sie auch, im Alltäglichen das Ungewöhnliche zu sehen. Dazu gilt es, sich mit allen Sinnen auf das Wahrnehmen des Hier und Jetzt zu konzentrieren. Zu spüren: Ich bin da und ich nehme wahr, was um mich herum geschieht ... Das beruhigt und harmonisiert die Stimmung. Auch Routinearbeiten können wir in eine Art Spiel verwandeln, etwa in einen Wettbewerb – mit uns selbst oder indem wir andere einbeziehen. Was ist am effektivsten, um die E-Mails in den Griff zu bekommen? Welche Ordnerstruktur im Computer macht am meisten Sinn? Welche neuen Lösungen könnte es geben? Wie wäre es, unpopuläre Aufgaben mit einem Kollegen zu tauschen: Was er nicht mag, übernehmen Sie, und was Sie nicht mögen, übernimmt er? Ein solch spielerischer Umgang verschönt den Arbeitsalltag und es kommen gute neue Ideen dabei heraus.

SINGLE-TASKING STATT MULTI-TASKING

Neun von zehn aller ärgerlichen, frustrierenden und niederdrückenden Gedanken haben de facto mit Erwartungen von künftigem Geschehen oder mit Erinnerungen an Gewesenes zu tun. Stellen Sie das, was Sie gerade umgibt, was Sie fühlen oder tun, ins Zentrum Ihrer Aufmerksamkeit – und schon sind diese Gedanken verschwunden. Führen Sie das nächste Telefonat voll konzentriert oder zelebrieren Sie den Gang zu den Wertstofftonnen mit ungeteilter Aufmerksamkeit, Schritt für Schritt. Erleben Sie sich selbst, wie Sie sich in Ihrem ureigenen Rhythmus vorwärtsbewegen. Mit allen Sinnen bei dem zu sein, was Sie gerade tun, hilft, sich selbst besser zu spüren und dem Alltag besondere Momente abzugewinnen.

ÜBUNG

ABWECHSLUNG DURCH NEUE ERFAHRUNGEN

Halten Sie Ausschau nach einer neuen Herausforderung, etwas, was Sie vielleicht schon lange mal tun wollten, es bisher aber immer auf »irgendwann einmal« vertagt haben. Das können anspruchsvolle oder auch ganz kleine Dinge sein, auch etwas, womit Sie bisher überhaupt keine Erfahrung hatten. Beispielsweise einen Improtheater-Kurs buchen, Acrylmalerei oder Trommeln lernen, das Umfeld Ihres Wohnorts erkunden, die eigene Biografie schreiben oder ganz neue und vielleicht auch aufwendige Kochrezepte ausprobieren und die Freunde zum Kosten einladen. Es gibt viele kleine Reize, mit denen Sie schöne Impulse in das Alltägliche bringen können. Kaufen Sie sich eine Rose und erfreuen Sie sich an ihrer Farbe und ihrem Duft. Nehmen Sie wahr, wie sie sich jeden Tag ein wenig mehr verändert. Besuchen Sie eine Salzgrotte oder gönnen Sie sich einen Tag in einer Wellnessoase und schwelgen Sie in Farben, Aromen, Empfindungen.

All diese Impulse eint, dass Sie sich selbst auf eine neue Art erleben und dadurch auf weitere neue Ideen kommen. Viel Freude dabei!

RICHTIG SÄEN, FREUDIG ERNTEN

Zum Gute-Laune-Coaching gehört es auch, sich mit den Gesetzmäßigkeiten des Säens und Erntens zu befassen. Im übertragenen Sinne sind die nämlich wesentlich für das Gelingen im Leben. Lächeln macht ebenso viel oder wenig Mühe wie eine finstere Miene. Eine freundliche Bemerkung dauert so lang wie eine miesepetrige. Aufmunternde und liebevolle Gedanken an sich selbst nehmen nicht mehr Zeit oder Mühe in Anspruch wie sich selbst herunterzumachen. Nur die Wirkung wird eine völlig andere sein. Man kann keine ärgerlichen, missgünstigen oder entmutigenden Gedanken säen und erwarten, dass sich trotzdem die Stimmung hebt. Und wer selbst einen barschen, unfreundlichen Umgangston an den Tag legt, braucht nicht zu erwarten, dass sein Gegenüber sich dann freundlich und kooperativ verhält.

»Jeder Mensch ist eine kleine Gesellschaft.«

NOVALIS

SELBSTGESPRÄCHE? JA, ABER FREUNDLICH!

Letztlich gilt dies alles auch im Umgang mit uns selbst, für den inneren Dialog, den wir mit uns selbst führen. So begleiten wir unser Erleben und Tun wie ein Kommentator, denn wir sprechen den ganzen Tag lang ständig in Form unserer Gedanken mit uns selbst. Wir kommentieren beispielsweise das, was wir tun: »Gut so, alles klar«, »Jetzt sollte ich in die Puschen kommen!«, »Oh, blöd gelaufen! Was mache ich denn jetzt?« oder »Habe ich alles dabei oder brauche ich noch etwas?«

Man geht davon aus, dass jeder von uns pro Tag etwa 3 000 bis 5 000 kurze Dialoge mit sich selbst führt. Selbstgespräche, in denen gewünscht, gehofft, geprüft, bewertet, kritisiert, etwas entschieden, befürwortet oder abgelehnt wird. Dabei ranken sich die Gedanken häufig um besondere Lieblingsthemen, in deren Schlepptau dann auch ganz automatisch die entsprechenden Stimmungslagen und Körperreaktionen aufgerufen werden.

Unser innerer Dialog kann uns also unterstützen oder auch schwächen – je nachdem, wie wir mit uns reden: nett oder unfreundlich, ermutigend oder entmutigend, unterstützend oder verurteilend, liebevoll oder ablehnend, gelassen oder antreibend.

Die eigentliche Funktion des Selbstgespräches ist es, Geschehenes zu verstehen und zu verarbeiten. Während dies geschieht, geben wir jedoch auch viele Schlussfolgerungen, Wertungen und Urteile ab – nicht nur über das, was wir gerade wahrnehmen, sondern stets auch über uns selbst, unsere Gedanken, unsere Gefühle und unser Tun.

Wer einen ausgeprägten »inneren Kritiker« beherbergt, hat kaum etwas zu la-

ÜBUNG

SELBSTGESPRÄCHE HINTERFRAGEN 1

Nehmen Sie sich ungefähr eine halbe Stunde Zeit und sorgen Sie dafür, ungestört zu sein. Halten Sie Stift und Papier bereit oder legen Sie im Computer eine neue Datei an.

Schreiben Sie dann für Sie typische Sätze auf, mit denen Sie im Alltag häufig Ihr Fühlen, Denken und Handeln kommentieren. Was sagen Sie zu sich selbst, wenn

► Sie ein Vorhaben erfolgreich umgesetzt haben?

► Sie etwas falsch gemacht haben?

► Sie sich gestresst und völlig erschöpft fühlen?

► Sie jemand anderes als besser, klüger oder attraktiver erleben?

► Ihnen Ihr Spiegelbild nicht gefällt?

► jemand Sie übervorteilt hat?

► Sie Angst vor etwas oder vor jemandem haben?

► Sie bei der Umsetzung eines wichtigen Projektes einen Rückschlag hinnehmen müssen?

SELBSTGESPRÄCHE HINTERFRAGEN 2

•

Nehmen Sie die in der vorherigen Übung festgehaltenen Sätze zur Hand und stellen Sie sich vor, Sie hätten jemand anderes in der jeweils gleichen Situation vor sich, eine Person, die Sie schätzen. Überlegen Sie:

▸ Würden Sie so wie mit sich selbst auch mit ihm oder ihr reden? Würden Sie es genauso formulieren?

▸ Falls nicht: Überlegen Sie, was Sie dieser anderen, Ihnen am Herzen lie-genden Person sagen und welche Worte Sie wählen würden. Notieren Sie auch diese Formulierungen.

▸ Falls das, was Sie zu der anderen Person sagen würden, freundlicher, ermutigender, liebevoller, konstrukti-ver formuliert ist: Wie wäre es, wenn Sie die innere Haltung, die hinter die-sen neuen Formulierungen steht, ab sofort auch im Umgang mit sich selbst einnehmen würden?

chen, denn er wird im Selbstgespräch unerbittlich damit konfrontiert, wo er den eigenen oder auch fremden An-sprüchen nicht genügt, wo Schwächen und Fehler sichtbar werden.

Wächter innerer Stimmen

Achten Sie darauf, wie Sie mit sich selbst reden, denn Ihr inneres Gespräch be-stimmt maßgeblich mit, wie Sie sich fühlen. Dies lenkt auch Ihr Verhalten in selbstaufbauende oder selbstentwerten-de Bahnen. Je nachdem, wie Sie sich fühlen, treffen Sie Ihre Entscheidungen. Wenn Sie unter Leistungs- oder Er-folgsdruck stehen, können Sie Ihren in-neren Dialog besonders deutlich wahr-nehmen. Beobachten Sie gerade dann genau, wie Sie mit sich umgehen. Wenn Sie damit beginnen, den Verlauf dieser

Selbstgespräche wie die Dialoge auf einer Bühne zu beobachten und sich entsprechende Notizen zu machen, werden Sie mehr und mehr bestimmte typische Muster erkennen.

Sich selbst Freund sein

Wer gewohnt ist, hart mit sich selbst ins Gericht zu gehen, und viel über eigene und fremde Unzulänglichkeiten und Versäumnisse nachgrübelt, schwächt sich damit selbst – körperlich und seelisch. Wer hingegen einen freundlichen, bestärkenden und aufmunternden inneren Umgang im Gespräch mit sich selbst pflegt, gewinnt damit an innerer Stabilität und auch an Lebensfreude. Eine wertschätzende und freundliche innere Kommunikation entlastet uns von Spannung und Druck und wir fühlen uns wohler und zuversichtlicher.

SÄEN HEISST: IN VORLEISTUNG GEHEN

Das Prinzip des Säens und Erntens wird besonders in den Verläufen der täglichen Kommunikation sichtbar. Wir steigen meist, ohne viel nachzudenken, auf Stimmung und Verhalten unseres Gegenübers ein und reagieren dann spiegelbildlich darauf. Oder wie der Volksmund es formuliert: »Wie einer in den Wald hineinschreit, so schreit es heraus.« Andersherum funktioniert es natürlich genauso: Mit dem, was wir denken, fühlen und tun, senden wir unsererseits Reize aus, die wiederum bei unserem Gesprächspartner zu entsprechenden Reaktionen führen können.

Aus Reiz und Reaktion ergeben sich häufig Verkettungen und bei einem negativen Verlauf der Begegnung wird die »Schuld« gern dem anderen zugeschoben. Wir wären ja freundlich – wenn nicht der andere … Und der andere denkt ebenfalls, er wäre ja freundlicher, wenn wir nicht …

> »Man sollte die Dinge so nehmen, wie sie kommen.
> Aber man sollte dafür sorgen, dass die Dinge so kommen, wie man sie nehmen möchte.«
>
> CURT GOETZ

105

WAS WILL ICH AB HEUTE SÄEN?

●

Nehmen Sie sich eine halbe Stunde Zeit und sorgen Sie dafür, ungestört zu sein. Legen Sie Stift und Papier zurecht oder legen Sie eine neue Datei im Computer an.

▸ Denken Sie nun an häufig vorkommende Situationen in Ihrem Leben, die in Ihnen immer wieder deprimierte, zornige oder auch Gedanken der Mutlosigkeit und Ohnmacht hervorrufen. Listen Sie all diese Situationen so auf, wie sie Ihnen spontan in den Kopf kommen.

▸ Wählen Sie dann eine dieser Begebenheiten aus und fragen Sie sich: Was ist die Geschichte dieser Situation? Wodurch ist sie hervorgerufen worden? Wo lag der Anfang? Was folgte worauf? Gab es eine Steigerung oder vielleicht eine Abschwächung Ihrer Gefühle, die mit der Situation verbunden sind?

▸ Überlegen Sie: Was am Ablauf dieser Situation haben Sie selbst über entsprechende Denkmuster, Überzeugungen, Entscheidungen oder auch mittels Ihres Verhaltens »gesät«? Halten Sie Ihre Gedanken dazu wieder schriftlich fest.

▸ Betrachten Sie dann, was Sie geschrieben haben, und überlegen Sie, was Sie hinsichtlich dieser unerfreulichen Situation jetzt neu aussäen könnten, um später etwas Gutes zu ernten. Wie also könnten Sie die Situation künftig angenehmer gestalten? Notieren Sie alles, was Ihnen einfällt.

▸ Lassen Sie Ihre Aufzeichnungen etwas ruhen und ergänzen Sie sie in den nächsten Tagen um weitere Einfälle.

▸ Fragen Sie auch andere Menschen in Ihrem Umfeld – Kollegen, Freunde, Ihren Partner, ein Familienmitglied – ganz abstrakt, so in etwa: »Wenn jemand zu Ergebnis x kommen will, was müsste er deiner Meinung nach dafür tun?« Ergänzen Sie Ihre Notizen um das, was Sie an Ideen anderer erfahren haben, und gehen Sie alles noch einmal durch.

▸ Entwickeln Sie dann einen Plan, in dem Sie genau festhalten, was Sie wann und wie säen wollen.

▸ Fragen Sie sich auch, wer in Ihrer Umgebung Sie dabei unterstützen könnte und wem Ihr Vorhaben vielleicht nicht in den Kram passt.

▸ Was müssten Sie an Ihrer Umgebung verändern, sodass Sie in Ihrem Vorhaben eher unterstützt als gebremst werden? Arbeiten Sie Ihre Ideen dazu in Ihren Plan ein.

▸ Und dann: Säen Sie, Schritt für Schritt. Und genießen Sie es, wie die Pflänzchen wachsen und dass Sie bald ernten können.

Der erste Schritt ist Ihrer

Wenn Sie Freundlichkeit und Wertschätzung säen, steigt die Wahrscheinlichkeit, auch Freundlichkeit und Wertschätzung zu ernten. In den meisten Fällen stößt die Vorleistung auf positive Resonanz und trägt auch dazu bei, eventuelle Dissonanzen zu zerstreuen.

Natürlich geht nicht jede Saat auf und manchmal funktioniert es auch nicht, da Ihr Gegenüber auf einen freundlichen Einstieg ins Gespräch nicht mit Freundlichkeit reagiert, sondern lieber seinen Missmut weiter pflegt. Aber die Wahrscheinlichkeit, mittels Freundlichkeit mit unserem Gegenüber eine Gute-Laune-Spirale in Gang zu setzen, ist wesentlich größer, als wenn wir mit der Erwartung »Ich werde erst dann nett zu dir sein, wenn du nett zu mir gewesen bist« ins Gespräch gehen.

Warten Sie also nicht darauf, dass andere den ersten Schritt tun. Werten Sie stattdessen gute Stimmung und offenes Entgegenkommen als Ihre bewusste Vorleistung oder als eine unverbindliche Einladung an Ihr Gegenüber. Meist wird es Ihr Lächeln erwidern – und das

Lächeln des anderen beflügelt wiederum Ihre eigene Stimmung. Möglicherweise haben Sie mit Ihrer Freundlichkeit jemanden aufgemuntert, der gerade dabei war, sich in düsteren Gedanken zu verlieren. Oder jemandem den Tag verschönt, der sich von anderen oftmals nicht beachtet fühlt.

Der eigene Umgangsstil ruft in Ihrem Umfeld meist genau die Verhaltensweisen hervor, die Ihrem »Input« entsprechen. Wenn Sie Freude, Interesse und Aufmerksamkeit säen, werden Sie viel Wohlwollen ernten.

FÜR ANDERE DA SEIN

Der Impuls, anderen zu helfen, ist ein starker Gute-Laune-Macher und er stiftet Sinn. Jedoch macht es uns nicht glücklicher, wenn wir jemand anderen nur aus einem Schuldgefühl oder einem Gefühl der Verpflichtung heraus unterstützen. Bei dem, was wir für andere bereit sind zu tun – beispielsweise Zeit, die wir jemandem widmen, Geld, das wir spenden, ein Ehrenamt, das wir übernehmen –, kommt es nicht so sehr auf die Form des persönlichen Engagements an, sondern vielmehr auf das Motiv, das dahintersteht. Zwar braucht das nicht in einer hundertprozentigen Selbstlosigkeit zu wurzeln, doch sollte das persönliche Engagement dem Impuls folgen, in erster Linie etwas Gutes oder Nützliches für den anderen tun zu wollen, und weniger vom Eigeninteresse gesteuert sein. Die guten Gefühle kommen dann ganz von selbst.

Glück für andere

Einem anderen Menschen Freude zu schenken und ihm den Tag zu versüßen, macht uns selbst auch glücklich. Hier ein paar Anregungen, mit denen Sie jemand anderen erfreuen können.

- Seien Sie da, wenn Sie gebraucht werden.
- Hören Sie aufmerksam zu, halten Sie sich mit eigenen Geschichten zurück.
- Zeigen Sie einem anderen mit einer unverhofften kleinen Überraschung, dass Sie an ihn denken.
- Schicken Sie jemandem, der krank geworden ist, eine liebevolle Karte.
- Machen Sie ein ehrlich gemeintes Kompliment.
- Rufen Sie einem anderen eine schöne Erinnerung ins Gedächtnis.
- Muntern Sie den anderen auf, bringen Sie ihn zum Lachen.
- Danken Sie einem anderen für etwas, was er für Sie getan hat.

Nicht nur weil die empirische Forschung bestätigt, dass Engagement in der Familie, im Freundeskreis, im per-

EDELMUT TUT GUT

Wie der amerikanische Psychologe und Glücksforscher Edward Diener dokumentiert, fühlen wir uns dann besonders gut, wenn wir aktiv etwas für andere tun. Wir sind dann sogar noch längere Zeit danach in Hochstimmung: wenn wir einer Freundin beim Umzug halfen, Besorgungen für eine kranke Nachbarin übernahmen oder jemand Fremdem halfen, ein Fahrrad im Kofferraum zu verstauen. Starke Glücksgefühle empfindet Dieners Beobachtung nach jemand, dem es gelingt, in seinem ganz normalen Alltag einen tieferen Lebenssinn zu sehen und die eigenen Stärken in den Dienst von etwas zu stellen, was über sein eigenes Leben hinausweist. Das kann durch ein Ehrenamt geschehen oder durch die Mitarbeit in einer sozialen oder ökologischen Initiative.

sönlichen Umfeld oder weit darüber hinausgehend das Wohlbefinden erhöht, sollten Sie sich überlegen, wie Sie Ihre Fähigkeiten und Fertigkeiten, Ihr Wissen und Können auch für andere fruchtbar werden lassen. Gutes tun, ja. Aber eben nicht als Pflichtübung, sondern als eine bewusste Entscheidung dafür, jemand anderem eine Freude zu machen. Das kann auch eine Kleinigkeit sein, wie etwa ein Paket für einen Nachbarn entgegenzunehmen, der gerade unterwegs ist, oder eine Freundin, die klamm bei Kasse ist, ins Kino oder zum Kaffee einzuladen.

Drei Bedürfnisse – mehr nicht

Wir sind als Menschen soziale Wesen und möchten mit anderen gut auskommen. Der Wunsch nach Zugehörigkeit ist eines der stärksten Bedürfnisse, die wir haben. Daher ist es völlig natürlich, dass wir dann, wenn jemand in Not ist, den Impuls zu helfen verspüren. Uns sind neben vielem anderen, was uns interessieren und bewegen mag, im Kontakt mit Familienmitgliedern, Kollegen und Freunden, aber auch in den vielfältigen Situationen des täglichen Lebens

drei Dinge ganz besonders wichtig. Wir möchten nämlich:
- wahrgenommen werden,
- Sympathie spüren,
- Wertschätzung erfahren.

Das zu wissen macht es eigentlich sehr einfach. Wir wollen diese drei Dinge – und jeder andere will sie auch. Wir brauchen nicht über materiellen Reichtum, gesellschaftliche oder politische Macht zu verfügen, um anderen das zu geben, was ihnen ein Bedürfnis ist: wahrgenommen werden, Sympathie spüren und Wertschätzung erfahren.

So geben Sie Gutes

Viele Menschen engagieren sich in dieser Weise nicht nur in der Familie oder im sozialen Umfeld, sondern auch in einem Ehrenamt. Die Möglichkeiten, die Ihnen hierbei zur Verfügung stehen, um andere zu unterstützen, sind vielfältig. Sie können geben:
- Zeit: Betreuung anderer, Aufgaben übernehmen, Ansprechpartner sein.
- Know-how: Wissen, Können, Fertigkeiten, die anderen fehlen.
- Dienstleistungen: Beratung, Schreibdienste, Baby-, House- oder

Katzensitting, Einkaufen, allerlei
Behördengänge.
- Unterstützung sozialer, ökologischer
  oder kultureller Projekte oder
  einzelner Hilfsaktionen. Durch Geld
  oder durch gezielte Aktivitäten.
- Patenschaften.
- Spenden: Geld oder Sachspenden,
  Gegenstände, Kleidung, selbst
  Hergestelltes.

Engagement hat außer dem erhebenden
Gefühl, Unterstützung geleistet zu haben, auch noch einen sinnstiftenden
Aspekt. Und etwas Sinnvolles zu tun,
das hebt die Stimmung deutlich.

Mit Herz und Hand

Egal, für welches Engagement Sie sich
entscheiden, Hauptsache, Sie sind mit
dem Herzen dabei. Sie erfahren dann
bald ganz konkret, wie Ihre Lebenser-
fahrung, Ihr Wissen und Können von
Wert für andere Menschen sind. Dabei
erkennen Sie mehr und mehr, welche
Fähigkeiten eigentlich in Ihnen schlum-
mern. Gebraucht zu werden schafft
Nähe und ist sinnerfüllend. Zudem bekommen Sie meist viel zurück: Freude,
Dankbarkeit, Wertschätzung.

Ihre neue Sicht auf die Probleme anderer kann sogar dazu führen, dass Sie
Ihre eigenen Probleme im Vergleich zu
dem, womit sich andere herumschlagen
müssen, als nicht mehr so schwerwie-
gend einstufen.

Wenn Sie sich ehrenamtlich bei der Lösung eines gesellschaftlichen Problems
engagieren, werden Sie zudem feststellen, wie stark der Kontakt zu Menschen,
die die gleichen Ziele verfolgen, verbindet. Und wenn Sie mit ihnen zusammen
etwas erreichen, schafft dies eine tiefe
Zufriedenheit.

Je lösungsorientierter Sie selbst sind,
desto leichter wird es Ihnen fallen, optimistische und kreative Impulse weiter-
zugeben, die anderen Mut machen, eigene Herausforderungen anzunehmen
und zu meistern.

*»Geben, sei es in Form von Geld
oder Zeit, Energie oder
Zuwendung, wirkt sich positiv auf
die physische und psychische
Gesundheit aus.«*

STEPHEN G. POST

WO BIN ICH AM RICHTIGEN PLATZ?

—•—

Nehmen Sie sich eine Viertelstunde Zeit und machen Sie sich bewusst, was Ihre Neigungen und Möglichkeiten sind, sich zu engagieren. Finden Sie dazu Antworten auf die nachfolgenden Fragen:

▸ Gibt es ein Thema, das mich immer schon beschäftigt hat (Bildung, Kultur, soziale Einrichtungen, Integration, Kinder, öffentlicher Raum, Naturschutz, Tierschutz ...)?

▸ Wo wäre es meiner Ansicht nach besonders spannend oder einfach dringend notwendig, aktiv zu werden? Gibt es Projekte oder Organisationen, wo ich gern mitwirken möchte?

▸ Was genau möchte ich am liebsten machen (anderen etwas beibringen oder sie motivieren, an konkreten Projekten mitarbeiten, Aufklärungsarbeit leisten, Spenden sammeln, Einsatzkräfte koordinieren)?

▸ Welche Fertigkeiten und Fähigkeiten würde ich gern nutzbringend für andere einsetzen?

▸ Was möchte ich mitgestalten? Wovon möchte ich ein Teil sein? Wo finde ich Gleichgesinnte?

Mittels Ihrer schriftlichen Antworten auf diese Fragen lassen sich die Möglichkeiten für Ihr Engagement gut konkretisieren.

Hilfsbereitschaft ist nicht nur eine moralische Qualität, sondern gleichzeitig ein wichtiger Überlebensvorteil der Gattung Mensch, wie Evolutionspsychologen und Soziobiologen herausgefunden haben. Demnach hat eine Gruppe umso höhere Überlebenschancen, je ausgeprägter sich die Gruppenmitglieder hilfsbereit, fürsorglich und kooperativ zeigen. Immer haben letztlich beide Seiten etwas von einem Akt der Hilfsbereitschaft – selbst wenn Sie »nur« einer Person, die Sie gar nicht kennen, dabei helfen, die Apfelsinen aus der geplatzten Tüte vom Gehsteig aufzusammeln.

Länger leben ist machbar

Wer anderen hilft, ist zufriedener mit seinem Leben und hat zudem sogar – im Durchschnitt – eine längere Lebenserwartung, wie eine breit angelegte Studie der Ärztin und Psychologin Stephanie Brown der Stanford University School of Medicine zeigen konnte. Sie fand heraus, dass soziale Kontakte den Zeitpunkt der Sterblichkeit deutlich hinausschieben können und dass dies vor allem die Menschen betrifft, die anderen helfen und sie unterstützen. Genau diese Menschen fühlen sich langfristig betrachtet auch optimistischer und zuversichtlicher. Dies gilt sogar relativ unabhängig von anderen Einflussfaktoren wie Bildungsstand, Beruf oder Einkommen. Unglückliche Menschen sind hingegen meist zu sehr mit sich selbst beschäftigt, um sich viel um das Wohl anderer zu sorgen.

Eine nicht unerhebliche Rolle beim Einsatz für andere spielt die Regelmäßigkeit. So ist es beispielsweise weitaus befriedigender, mit den Kindern im Stadtteilzentrum einmal pro Woche zu kochen und zu basteln oder es sich zur Gewohnheit werden zu lassen, täglich jemandem etwas Gutes zu tun, als einmal im Jahr für einen guten Zweck Geld locker zu machen.

Edel sei der Mensch …

Im Gegensatz zu der lange gehegten Auffassung, dass der Mensch ausschließlich von egoistischen Motiven angetrieben ist und stets nur seinen eigenen Vorteil im Auge hat, spricht nach heutigem Erkenntnisstand vieles dafür, dass es (auch) in unserer Natur liegt, einfach nur so und ohne Berechnung freundlich, fair und hilfsbereit zu sein.

> *»Die Menschen kommen durch nichts den Göttern näher, als wenn sie Menschen glücklich machen.«*
>
> CICERO

113

GUTE LAUNE NACH PLAN

Kurzfristig die Laune heben, langfristig zu einem Gute-Laune-Spezialisten werden – all das ist Ihnen mittlerweile vertraut. Wie aber wird das nun zu einem echten Lebensweg? Mit einem Fünf-Etappen-Selbstcoaching.

IHR PERSÖNLICHES SELBSTCOACHING

Es reicht nicht aus, nur zu wissen, was gut für uns wäre – viel wichtiger ist es, es in die Tat umzusetzen, also echte Veränderungen in unserer Sicht auf die Welt und in unserem Verhalten zu bewirken. Selbstcoaching ist hier das Mittel der Wahl. Es bedeutet, sich ein Veränderungsvorhaben über längere Zeit vorzunehmen, neue Denk- und Verhaltensweisen immer wieder zu üben und vielfältige Techniken zur Zielerfüllung auszuprobieren. Es heißt, so lange zu trainieren, bis wir das Bisherige losgelassen haben und das Neue uns ganz selbstverständlich geworden ist.

Für diese grundlegenden Veränderungen brauchen wir umso mehr Zeit,

- je länger wir bereits auf eine bestimmte Art denken und handeln,
- je tief greifender die angestrebte Veränderung ist,
- je seltener wir Gelegenheiten nutzen, die neue Gewohnheit zu trainieren.

Wenn wir eingespurte Denk- und Interpretationsmuster und bestimmte Verhaltensweisen nachhaltig verändern möchten, sind vor allem drei Dinge nötig – und von diesen eine möglichst großzügige Dosis: (Selbst-)Motivation, Fehlertoleranz und Ausdauer.

WERDEN SIE IHR EIGENER ERFOLGSCOACH!

Die Chancen, das eigene Leben zum Besseren zu wenden, sind gering, wenn wir nicht bereit sind, neue Sichtweisen, Denkmuster und Verhaltensweisen tatsächlich anzuwenden und einzuüben. Einüben heißt: Wiederholen, immer wieder anwenden und die Ergebnisse reflektieren. Nutzen Sie also, was Sie bereits wissen und was Sie beim Ausprobieren der Übungen in den bisherigen Kapiteln als gut und wirkungsvoll für sich erkannt haben.

AUF DEM WEG ZU BESSERER STIMMUNG

Überlegen Sie als Erstes, was genau Sie ändern wollen, um häufiger gelassen, entspannt und gut drauf zu sein. Nehmen Sie als Ausgangspunkt die Ergebnisse Ihres Gute-Laune-Tests zur Hand. Geht es darum, sich besser um Ihre Basics zu kümmern, also auf gesunde Ernährung, Entspannung, Bewegung und Schlaf zu achten? Oder darum, Selbstzweifel zu mildern und stattdessen Selbstvertrauen und Zuversicht aufzubauen? Oder steht im Vordergrund, strenge Maßstäbe, die Sie an sich selbst anlegen, abzubauen zugunsten von mehr Lockerheit und Laissez-faire. Vielleicht möchten Sie sich auch weniger an den Ansichten und Wünschen anderer orientieren und mehr Selbstbestimmung entwickeln.

Klarheit führt zum Sieg

Je klarer Sie wissen, was Sie verändern wollen, und je vorteilhafter Ihnen dies erscheint, desto günstiger wirkt sich das auf Ihre Motivation aus. Wenn Sie kein klares Bild haben, welche Vorteile Ihnen eine Veränderung bringen wird, fehlt oft auch der innere Antrieb, Gewohnheiten aufzugeben und sich dafür ins Zeug zu legen, Vorhaben auch wirklich umzusetzen und bei der Stange zu bleiben, selbst wenn die Ergebnisse mal nicht umgehend sichtbar werden.

Lassen Sie sich locken

Eine wirkungsvolle Motivation sollte stets positiv sein – sie soll locken und Sie wie ein Magnet zu sich ziehen. Malen Sie sich dafür richtiggehend aus, wie Ihr Leben aussehen wird, wenn Sie die Gute-Laune-Killer unschädlich gemacht haben. Wie wird sich Ihr Alltag gestalten, wenn Sie stets voller Freude und Tatendrang an Ihre Aufgaben herangehen, wenn Sie im Austausch mit so ziemlich allen Menschen in Ihrem Umfeld wohlwollend und freundlich sind – und genau das auch zu Ihnen zurückkommt? Wofür lohnt sich der Weg?

»Auch eine Reise von tausend Meilen beginnt mit dem ersten Schritt.«

LAOTSE

EINS, ZWEI, DREI, VIER, FÜNF – ERFOLG!

Mit Köpfchen läuft es besser: Sie wissen,
was Sie wollen, nämlich mehr gute Laune im Leben.
Nun konkretisieren Sie den Weg dorthin: ein
effektiver Plan besteht aus fünf Etappen.

Etappe

2

Ziel überprüfen:
»Wie genau soll es dann im
Unterschied zu jetzt sein?«

Etappe

1

Coachingziel schriftlich
formulieren:
»Was will ich verändern?«

Etappe 5

Anfangen und dranbleiben: »Was kommt als Erstes, als Zweites, als Drittes …?«

Etappe 4

Selbstbestärkung planen: »Was hält mich bei der Stange, wenn ich mal schwächle oder mutlos bin?«

Etappe 3

Coachingplan aufstellen: »Was sind die Etappen auf dem Weg zum Ziel? Was ist konkret wann zu tun?«

IHR FÜNF-ETAPPEN-PLAN

Um nicht im Stadium der »guten Vorsätze« hängen zu bleiben, empfiehlt es sich, einen Selbstcoachingplan aufzustellen, mit dem Sie jeweils ganz konkret einschätzen können, wo Sie stehen, was sich verändert und auch, wo Sie vielleicht nicht so recht weiterkommen.

ETAPPE 1: ZIEL SCHRIFTLICH FESTLEGEN

Ganz am Anfang steht die Überlegung, was genau Sie verändern wollen, um Ihren Alltag sonniger gestimmt als bisher zu meistern. Was genau ist Ihr Ziel? Wollen Sie beispielsweise

- bestimmte Denk- und Bewertungsmuster ändern, mit denen Sie sich bisher selbst in schlechte Laune versetzt haben?
- mehr Selbstfürsorge entwickeln, indem Sie einzelne Elemente Ihres Lebensstils verändern, sich etwa mehr Schlaf gönnen, für mehr Entspannung sorgen oder sich insgesamt mehr bewegen?
- sich weniger ärgern, über sich selbst oder über andere?
- Ventile zum Dampfablassen finden, die weder kontraproduktiv für Sie selbst sind noch anderen schaden?
- sich in bestimmten Situationen anders als bisher verhalten?

Gehen Sie es ruhig langsam an, wenn Sie Ihr Coachingziel noch nicht exakt in Worte fassen können. Wenn Sie zwar wissen, was Sie nicht mehr so haben wollen, wie es momentan ist, aber noch keine genaue Vorstellung davon haben, wie es künftig sein soll. Zweck dieses ersten Schritts ist es, sich der Zielvorstellung so weit wie möglich gedanklich und gefühlsmäßig anzunähern.

ETAPPE 2: DAS ZIEL PRÜFEN

Die folgenden Kriterien unterstützen Sie dabei, Ihr Ziel weiter zu konkretisieren und greifbarer zu machen.

- Formulieren Sie Ihre Absicht positiv, beschreiben Sie das Ergebnis, das Sie erzielen möchten, und nicht das Problem. Vermeiden Sie dabei unbedingt Verneinungen (»Ich will nicht mehr …«) und Vergleiche (»Ich will besser sein als …«).
- Stellen Sie sich das angestrebte Ergebnis möglichst mit allen Sinnen vor. Sehen Sie eine konkrete Situation vor sich: Wie entwickelt sie sich, wenn Sie das, was Sie trainieren wollen, anwenden? Was tun und was sagen Sie? Wie fühlen Sie sich?

- Woran erkennen Sie, dass Sie Ihr Ziel erreicht haben? Was macht den Unterschied? In Ihren Gedanken und Gefühlen? In Ihrem Verhalten? Indem Sie sich diese Fragen stellen, überprüfen Sie, ob Sie Ihr Ziel für erreichbar halten.
- Ziehen Sie die Auswirkungen Ihrer angestrebten Veränderung mit ins Kalkül. Wie beeinflusst dies Ihre Lebenssituation? Wie könnte Ihr Partner reagieren, die Familie, Freunde und Kollegen?
- Überprüfen Sie, ob Sie bereit sind, die Konsequenzen zu tragen, die mit Ihrem Ziel verbunden sind. Wie hoch ist der Preis dafür? Worauf müssten Sie eventuell verzichten?
- Welche Veränderungen in Ihrem Denken und Handeln unterstützen Sie am meisten auf dem Weg zu Ihrem Ziel?

ETAPPE 3: SELBSTCOACHING-PLAN AUFSTELLEN

Erwarten Sie nicht, dass Sie Ihr Ziel sofort erreichen. Damit würden Sie zu viel von sich verlangen. Vorstellungskraft und Einsicht sind das eine, langjährig gepflegte Denk- und Verhaltensmuster das andere. Um sich nicht mit unrealistischen Erwartungen zu überfordern, teilen Sie Ihr Ziel nun in Einzelschritte. Wenn Sie beispielsweise einen gesünderen Lebensstil anstreben, um die gute Laune häufiger werden zu lassen, dann können Sie sich nacheinander auf die einzelnen Faktoren konzentrieren: Ernährung, Bewegung, Entspannung, Schlaf. Auch diese könnten Sie wieder in Einzelschritte zerlegen. Oder wenn Ihr Ziel ist, mehr Gelassenheit zu entwickeln, wo Sie bisher mit Unmut und Ärger reagiert haben, können Sie mit der Anti-Ärger-Box (Seite 39) üben und sich nacheinander Situationen vornehmen, bis dann allmählich die wohlbekannten Auslöser nicht mehr greifen.

(Seite 39)

ÜBUNG

IHR STUFENPLAN

Im Selbstcoaching ist ein Stufenplan unbedingt anzuraten. Sie sollten möglichst kleine Einzelschritte formulieren, denn die Versuchung ist groß, zu schnell zu viel erreichen zu wollen und die eigene Kraft zu überschätzen. Nehmen Sie sich also immer neu kleine Schritte vor und machen Sie einen Schritt nach dem anderen. Bedenken Sie, dass Ihre bisherigen Muster über Jahre und manchmal Jahrzehnte hinweg wirksam waren.

ETAPPE 4: BESTÄRKUNGS-STRATEGIE PLANEN

Zu Beginn eines neuen Vorhabens sind wir meist begeistert, voller Energie und versucht zu glauben, diese Stimmung bliebe uns nun die gesamte Dauer unseres Projekts über erhalten. Doch Vorsicht! Erwarten Sie nicht, dass alles reibungslos läuft, sondern kalkulieren Sie mit ein, dass Unvorhergesehenes passieren kann und dass es vielleicht auch Schwierigkeiten an Stellen gibt, wo Sie nicht damit gerechnet haben.

Von daher ist es sinnvoll, sich gleich im Vorfeld auch eine Selbstbestärkungsstrategie zurechtzulegen, um bei Anfällen von Mutlosigkeit, bei Rückschlägen

HILFREICHE STRATEGIEN

▸ Bleiben Sie im Kontakt mit dem Ziel: immer wieder visualisieren, wie es sein wird, wenn Sie es erreicht haben. Fühlen Sie es!

▸ Vergegenwärtigen Sie sich Ihre Gründe: Warum wollen Sie an dieses Ziel?

▸ Bleiben Sie mit den Gründen für das Selbstcoaching immer in Kontakt. Fragen Sie sich zwischendrin: Welche Vorteile hat es, das Ziel zu erreichen? Was wird dann möglich sein? Welche Nachteile wird es haben, wenn das Ziel nicht erreicht wird? Wie schränkt das Ihre Möglichkeiten ein?

▸ Erinnern Sie sich täglich an Ihr Ziel: durch kleine Haftzettel am Spiegel oder bestimmte Symbole oder Fotos. Bringen Sie diese kleinen Erinnerungshilfen immer wieder woanders an, um sich nicht daran zu gewöhnen.

▸ Weihen Sie eine Freundin ein, sie kann Ihnen Zuspruch geben.

▸ Fragen Sie sich auch: Wie können Sie es sich selbst leichter machen, Ihr Ziel zu erreichen? Blättern Sie noch einmal in diesem Buch und überlegen Sie, welche Übungen und Methoden für Sie am hilfreichsten sind.

oder Durststrecken Hilfsmittel parat zu haben, mit denen Sie sich selbst wirkungsvoll unterstützen können.

ETAPPE 5: ANFANGEN UND DRANBLEIBEN

Jetzt legen Sie los! Bisher war alles nur Planung, aber jetzt werden Sie aktiv. Fangen Sie an, Ihren Selbstcoachingplan in die Tat umzusetzen. Gehen Sie den ersten Schritt möglichst zeitnah. Dann den zweiten, den dritten. Finden Sie Ihr persönliches Tempo und freuen Sie sich über alle Fortschritte, auch wenn sie nur klein sein sollten. Akzeptieren Sie, dass es Phasen der Stagnation gibt und dass auch Rückschläge möglich sind. Das Wichtigste ist, dass Sie dranbleiben und Geduld mit sich selbst haben. Das Ziel wird Sie belohnen.

MIT GEDULD ZUR HOCHSTIMMUNG

Gedanken, Gefühle und Verhalten zu verändern, braucht Geduld und eine bejahende, verständnisvolle und wertschätzende Haltung sich selbst gegenüber. Überkommene Muster können zählebig sein. Allzu leicht bahnt sich wieder das »Alte« seinen Weg, wenn wir schon freudig glaubten, neue Sicht- und Verhaltensweisen heimisch gemacht zu haben.

Geduld, Geduld! Aus meiner eigenen Erfahrung kann ich sagen, dass sich die wesentlichen positiven Veränderungen in meinem Leben erst nach meinem 50. Geburtstag ereignet haben. Ich investierte einiges an Zeit darin, zu entdecken, was mir entspricht und wirklich am Herzen liegt. Dann setzte ich mir neue, lockende Ziele und begann damit, sie Schritt für Schritt zu verwirklichen.

Wir Menschen können
mehr verändern,
als wir gemeinhin
für möglich halten.

Auch als Coach habe ich in den letzten Jahren etliche Menschen bei der Verwirklichung persönlicher und beruflicher Ziele begleitet. Ich wurde immer neu darin bestärkt: Die Reflexion der eigenen Bedürfnisse, Werte und Motive liefert eine gute Basis dafür, klarer zu erkennen, was unsere Gute-Laune-Macher sind. Sie werden sehen: Es lohnt sich, bewusst für die eigene Stimmungslage Sorge zu tragen und ein wachsames Auge darauf zu haben, was Sie aufbaut und was nicht.

Gut wäre, wenn Sie sich dem Gute-Laune-Coaching so konsequent und regelmäßig widmen wie beispielsweise der Körperpflege oder auch Ihren Finanzen, denn: Die Stimmung, die Sie hauptsächlich haben, beeinflusst nachhaltig Ihr Selbstwertgefühl, Ihre Tatkraft, Ihre Entscheidungen und Ihre Lebenszufriedenheit. All das wird erfreulicher, erfolgreicher, schöner, wenn Sie mithilfe der hier vorgestellten Übungen an Ihrer Stimmung arbeiten. Dann lachen Sie zuerst – und das Leben stimmt mit ein.

BÜCHER UND ADRESSEN

*BÜCHER AUS DEM GRÄFE UND
UNZER VERLAG*
Engelbrecht, Sigrid: *Lass los, was
deinem Glück im Wege steht*
Engelbrecht, Sigrid: *Lass los, was dich
klein macht*
Engelbrecht, Sigrid: *Schalt die Welt auf
Pause*
Mannschatz, Marie: *Buddhas Anleitung
zum Glücklichsein*
Mannschatz, Marie: *Mit Buddha zu
innerer Balance*
Scholz, Lucia: *Nutze die Kraft deiner
Gefühle*

*BÜCHER AUS ANDEREN
VERLAGEN*
André, Christophe: *Und vergiss nicht,
glücklich zu sein!* Campus
Csikszentmihalyi, Mihaly: *Flow. Das
Geheimnis des Glücks*, Klett-Cotta
Fredrickson, Barbara: *Die Macht der
guten Gefühle*, Campus
Harnisch, Günther: *Endlich gut drauf!
Wie Sie Ihre Glückshormone natürlich
anregen*, Mankau

Klein, Stefan: *Die Glücksformel oder
Wie die guten Gefühle entstehen*,
Fischer
Kraatz von Rohr, Ingrid: *Gute Laune
kann man essen*, Nymphenburger
Lyubomirsky, Sonja: *Glücklich sein*,
Campus
Muri, Franziska: *Alles, was mich
glücklich macht. Das ganz persönliche
Buch der Lebensfreude*, Integral
Seligman, Martin: *Wie wir aufblühen.
Die fünf Säulen des persönlichen
Wohlbefindens*, Goldmann

ADRESSEN
www.zeitzuleben.de
Online-Ratgeber rund um die Themen
Erfolg, Zufriedenheit und Lebens-
qualität
www.gluecksarchiv.de
Wissenswertes über Optimismus,
Lachen, Glück und mehr
www.gute-laune-singen.de
www.lachclub.info

REGISTER DER ÜBUNGEN

IMPRESSUM

© 2016 GRÄFE UND UNZER VERLAG GmbH, München. Alle Rechte vorbehalten. Nachdruck, auch auszugsweise, sowie Verbreitung durch Bild, Funk, Fernsehen und Internet, durch fotomechanische Wiedergabe, Tonträger und Datenverarbeitungssysteme jeder Art nur mit Genehmigung des Verlages.

Projektleitung: Reinhard Brendli
Lektorat: Dr. Diane Zilliges
Bildredaktion: Nadia Gasmi
Layout & Umschlaggestaltung: independent Medien-Design GmbH, Horst Moser, München
Satz: Reemers Publishing Services GmbH, Krefeld
Herstellung: Susanne Mühldorfer
Repro: Longo AG, Bozen
Druck & Bindung: Drukarnia Dimograf, Polen

Bildnachweis

Illustrationen: Martin Haake
Fotos: Getty Images: S. 114; Iskender Levent: Cover; Plainpicture: S. 6/54; privat: S. 4; Stocksy: S. 20
Syndication: www.seasons.agency
ISBN: 978-3-8338-5299-2
1. Auflage 2016
Die GU-Homepage finden Sie unter www.gu.de

Umwelthinweis

Dieses Buch wurde auf PEFC-zertifiziertem Papier aus nachhaltiger Waldwirtschaft gedruckt.

Liebe Leserin, lieber Leser,

haben wir Ihre Erwartungen erfüllt? Sind Sie mit diesem Buch zufrieden? Haben Sie weitere Fragen zu diesem Thema? Wir freuen uns auf Ihre Rückmeldung, auf Lob, Kritik und Anregungen, damit wir für Sie immer besser werden können.

GRÄFE UND UNZER Verlag
Leserservice
Postfach 86 03 13
81630 München
E-Mail:
leserservice@graefe-und-unzer.de

Telefon: 00800 / 72 37 33 33*
Telefax: 00800 / 50 12 05 44*
Mo–Do: 9.00 – 17.00 Uhr
Fr: 9.00 – 16.00 Uhr
(* gebührenfrei in D, A, CH)

Ihr GRÄFE UND UNZER Verlag
Der erste Ratgeberverlag – seit 1722.

 www.facebook.com/gu.verlag

GRÄFE UND UNZER

Ein Unternehmen der
GANSKE VERLAGSGRUPPE